淮北师范大学学术著作出版基金资助

金融窖藏视角下的货币供给
与中小企业发展

Money Supply and Development of Small and Medium-sized Enterprises
from the Perspective of Financial Hoarding

任行伟 著

中国科学技术大学出版社

内容简介

本书立足当前我国经济社会发展实际(实体经济平均利润率下滑、虚拟经济发展过快等),基于金融窖藏视角,分析货币供给与中小企业发展之间的关系,从理论上分析当前我国金融窖藏的形成原因、具体表现以及给国民经济带来的各种影响,并对金融窖藏的规模进行测度;对金融窖藏冲击下货币供给向实体经济各部门传导的有效性进行检验;构建各微观主体的行为方程,观察货币供给变化向各微观主体的传导路径,检验在金融窖藏冲击下货币供给向各微观主体传导的有效性;探析金融窖藏影响货币供给与中小企业发展之间关系的可能路径;对金融窖藏、货币供给与中小企业发展之间的关系进行实证研究。

本书可供相关研究人员与金融行业从业者阅读,也可为政策制定者以及中小企业家们提供参考。

图书在版编目(CIP)数据

金融窖藏视角下的货币供给与中小企业发展/任行伟著. —合肥:中国科学技术大学出版社,2023.8

ISBN 978-7-312-05611-6

Ⅰ.金… Ⅱ.任… Ⅲ.货币供给—关系—中小企业—企业发展—研究—中国 Ⅳ.①F822.0 ②F279.243

中国国家版本馆 CIP 数据核字(2023)第 074279 号

金融窖藏视角下的货币供给与中小企业发展
JINRONG JIAOCANG SHIJIAO XIA DE HUOBI GONGJI YU ZHONG-XIAO QIYE FAZHAN

出版	中国科学技术大学出版社 安徽省合肥市金寨路 96 号,230026 http://press.ustc.edu.cn https://zgkxjsdxcbs.tmall.com
印刷	合肥华苑印刷包装有限公司
发行	中国科学技术大学出版社
开本	710 mm×1000 mm　1/16
印张	8.5
字数	157 千
版次	2023 年 8 月第 1 版
印次	2023 年 8 月第 1 次印刷
定价	50.00 元

前　言

1997年Binswanger首次提出了"金融窖藏"的概念,它是指当虚拟经济体系提供的收益率高于实体经济体系的投资回报率时,大量资本就会从实体经济体系流入虚拟经济体系,并暂时不会从虚拟经济体系中撤出重新投入到实体经济体系的现象。国内外学者围绕这一现象进行了一系列研究,普遍认为金融窖藏是经济社会发展到一定阶段的产物。中小企业是推动国民经济发展的生力军,是维持国民经济健康发展的重要保障。与此同时,我们不得不正视中小企业发展过程中遇到的诸如融资难、融资贵、税费负担较重、研发水平不高、高端人才缺乏、工艺设备落后等现实问题,解决这些阻碍中小企业发展问题的核心是给予中小企业政策支持和资金保障。为此,从中央到地方出台了一系列鼓励、支持和引导中小企业发展的法律法规和政策措施,中小企业的市场地位逐步提高、营商环境有了明显改善,但中小企业融资难、融资贵问题依然未得到有效解决。实务界和学术界围绕这一问题展开了充分的调研和分析,发现金融窖藏对中小企业融资有明显的影响。本书围绕这一问题展开研究,旨在探索金融窖藏影响中小企业发展的机制和原理。

本书立足当前我国经济社会发展实际(实体经济平均利润率下滑、虚拟经济发展过快等),基于金融窖藏视角,分析货币供给与中小企业发展之间的关系。首先,结合当前我国经济社会发展实际,从理论上分析当前我国金融窖藏的形成原因、具体表现以及给国民经济带来的各种影响,并对金融窖藏的规模进行测度。其次,从理论层面上对金融窖藏冲击下货币供给向实体经济各部门传导的有效性进行检验。通过构建各微观主体的行为方程,观察货币供给变化向各微观主体的传导路径,结合相关数据,评价在金融窖藏冲击下货币供给向各微观主体传导的有效性。再次,对金融窖藏与货币供给、货币供给与企业融资、企业融资与企业成长之间的关系进行分析,探析金融窖藏影响货币供给与中小企业发展之间关系的可能路径。最后,基于相关统计数据,采用经济计量方法对金融窖藏、货币供给与中小企业发展之间的关系进行实证研究。

本书共分以下7章:

第1章:绪论。介绍金融窖藏视角下的货币供给与中小企业发展的选题背景与研究意义,阐明基本思路、研究方法、主要内容与结构安排,指出本研究的创新点与不足。

第2章:文献综述与理论基础。从金融窖藏相关文献综述、中小企业发展相关研究文献综述、货币政策传导有效性研究的相关文献综述、货币供给与中小企业发展相关文献综述四个方面探究课题的突破口,认为目前关于中小企业发展的相关研究多是理论阐述,个别关于货币供给与中小企业发展的相关文献虽采用了经济计量等实证研究方法,但研究的深入性和可参考性还有待商榷。本章结合我国经济社会发展实际,从金融窖藏的视角对货币供给与中小企业发展之间的关系进行研究,具有一定的新颖性。

第3章:金融窖藏在中国的表现、影响及测度。结合我国经济社会发展实际,分析金融窖藏在我国的表现及形成原因,指出金融窖藏可能会给国民经济带来的各种影响,并对中国金融窖藏的规模进行简单的测度。最后再对中国金融窖藏与"中国货币之谜"的关系进行分析。

第4章:金融窖藏冲击下货币供给传导的有效性检验。首先,对金融窖藏冲击下货币供给向实体经济各部门传导的路径进行分析;其次,构建含金融窖藏冲击因素的各社会主体的行为方程,找出货币供给变化对各微观主体的影响;最后,通过参数估计和脉冲响应图分析货币供给变化和金融窖藏冲击对实体经济各部门的影响,包括对产出、消费、投资、物价、工资和资本存量的影响。

第5章:金融窖藏影响货币供给与中小企业发展之间关系的路径分

析。主要对货币供给与金融窖藏、金融窖藏与企业融资、企业融资与企业成长之间的关系和作用机理进行理论阐释以及对货币供给如何影响中小企业发展的现实路径进行分析,为之后的实证研究作铺垫。

第6章:金融窖藏视角下的货币供给与中小企业发展之间关系的实证分析。本章主要基于相关统计数据和前文的理论分析,对货币供给与中小企业发展之间的关系进行实证研究和稳健性检验,并对实证结果进行分析。

第7章:研究结论与政策建议。在总结全文研究结论的基础上,提出破解中小企业融资难、融资贵,促进中小企业健康发展的相关建议。

本书的结论归纳起来主要有以下五个方面:

1. 金融窖藏提高了虚拟经济体系的系统性风险水平

金融窖藏是经济社会发展到一定阶段的产物,金融窖藏可以丰富投资者的投资渠道,可以吸纳市场上的超额货币,减缓货币供过于求引发的通货膨胀,更是推动虚拟经济体系不断繁荣的重要助力。但金融窖藏额过大,提高了整个虚拟经济体系的系统性风险水平,给国民经济发展带来了严峻的挑战,比如扭曲资产价格、加剧金融风险、影响经济政策的传导效果等。

2. 金融窖藏冲击对产出和投资的影响为负且持续期较长

本书基于金融窖藏视角,首先对各微观主体的行为模式构建了动态随机方程,观察随着货币供给量的变化,各微观主体可能的行动轨迹。动态随机方程组反映出货币供给的变化会给家庭部门、企业部门和政府等都带来一定的变化,这种变化可能是名义值的变化,也可能是实际值的变化。最后通过参数估计和分析脉冲响应图发现,金融窖藏冲击对产出和投资的影响为负且持续期较长,对实体资本的冲击也为负且持续期较长。

3. 中小企业融资过于依赖间接融资

本书通过对货币供给影响中小企业发展的现实路径进行分析,发现当前我国中小企业遇到的融资难、融资贵问题的主要原因是其融资渠道过于单一，资本市场发展还不完善，缺乏中小企业直接参与资本市场的便捷通道，导致其过于依赖间接融资。

4. 金融窖藏挤占了实体经济的融资空间

虽然金融窖藏领域的大量资本的一个运作方向是投资于股票或债券，但中小企业通过股票或债券进行直接融资的比例很低，即中小企业的融资来源于金融窖藏领域的资金很少，大量资本流入金融窖藏领域之后，重新投入实体经济的可能性很小。金融窖藏领域的资本很大一部分来源于货币供给，企业融资也是依赖于市场上的货币供给，二者之间更多的是此消彼长、互为替代的关系。因此，金融窖藏规模的不断扩大将导致实体经济可获取的融资额减少。

5. 金融窖藏阻碍货币供给流入中小企业

广义货币供给增加因为金融窖藏的原因，不仅没有促进中小企业发展，反而在某种程度上阻碍了中小企业的发展；货币政策传导路径不畅，会使政策效果大打折扣，不利于政府对宏观经济的调控，可能会诱发宏观经济风险和金融系统性风险。

本书旨在揭示中小企业融资难题的客观原因，希望可以为政策制定者和中小企业家们提供参考，为解决我国中小企业的融资问题拓宽思路。

任行伟

2023 年 3 月

目 录

前言 ·· (i)

1 绪论 ·· (1)
  1.1 研究背景与意义 ·· (1)
  1.2 基本思路与研究方法 ··· (5)
  1.3 主要内容与结构安排 ··· (8)
  1.4 创新点与不足 ·· (10)

2 文献综述与理论基础 ··· (13)
  2.1 相关文献综述 ·· (13)
  2.2 相关理论基础 ·· (21)

3 金融窖藏在中国的表现、影响及测度 ································ (36)
  3.1 金融窖藏的形成及表现 ·· (36)
  3.2 金融窖藏对经济的影响 ·· (45)
  3.3 中国金融窖藏的规模测度 ··· (52)
  3.4 中国金融窖藏与中国货币之谜 ····································· (54)
  3.5 金融窖藏与金融体系、虚拟经济体系的区别 ···················· (62)

4 金融窖藏冲击下货币供给传导的有效性检验 ······················· (64)
  4.1 货币供给的传导路径分析 ··· (64)
  4.2 基本模型的建立 ·· (66)
  4.3 参数估计与脉冲响应分析 ··· (73)

5 金融窖藏影响货币供给与中小企业发展之间关系的路径分析 ···· (78)
  5.1 金融窖藏与货币供给的相关关系分析 ···························· (78)
  5.2 金融窖藏影响企业融资的机理分析 ······························· (87)
  5.3 企业融资与企业发展的关系分析 ·································· (89)
  5.4 货币供给影响中小企业发展的现实路径 ························· (95)

6 金融窖藏视角下货币供给与中小企业发展之间关系的实证分析 ………（99）
6.1 模型选择、指标设定与数据来源 ………………………（99）
6.2 实证过程与分析 …………………………………………（102）
6.3 稳健性检验 ………………………………………………（106）

7 研究结论与政策建议 ……………………………………………（113）
7.1 研究结论 …………………………………………………（113）
7.2 政策建议 …………………………………………………（115）

参考文献 ……………………………………………………………（119）

1 绪 论

1.1 研究背景与意义

1.1.1 研究背景

中小企业在解决就业、推动创新、稳定增长和改善民生等方面的作用是其他社会主体不可替代的。截至2018年3月末,全国企业数量达到3 133万户,其中99%以上是中小企业和微型企业[①]。中小企业正在成为我国经济新动能培育的重要源泉之一,是经济结构优化升级的重要支撑,也是稳增长、促转型的重要依托。当前我国中小企业发展正面临中美经贸摩擦和国内经济去杠杆的双重压力以及融资难问题更加突出、原材料价格不断上涨、税费负担依然较重、行业平均利润率逐步下滑等现实情况。2020年突如其来的新冠肺炎疫情导致世界经济严重衰退、外需萎缩,中小企业复工复产面临的人员短缺、物资配送费用提高、资金短缺依旧和技术相对落后等难题使其经营更加困难,急需政府和企业共同努力、共克时艰,逐步推动经济迈入高质量、可持续发展的轨道。

2018年10月21日,习近平总书记在给"万企帮万村"行动中受表彰的民营企业家回信中表示:"民营经济的历史贡献不可磨灭,民营经济的地位和作用不容置疑,任何否定、弱化民营经济的言论和做法都是错误的。"作为占民营企业中绝大多数的中小企业,其对国民经济所做出的贡献更是不可磨灭、不容置疑的。政府相继出台了多项鼓励、支持和引导民营经济包括中小企业的法律法规和措施,2003年1月1日,《中华人民共和国中小企业促进法》正式实施;2009年12月24日,国务院

---

① http://www.wangdaijujiao.cn/article-27484-1.html(张竞强执行会长在中国普惠金融高峰论坛上的讲话)。

发布了关于促进中小企业发展情况的报告;2009年12月28日,国务院办公厅发布了关于成立国务院促进中小企业发展工作领导小组的通知,并任命时任国务院副总理张德江同志担任组长;2017年9月1日,中华人民共和国第十二届全国人民代表大会常务委员会第二十九次会议修订通过了《中华人民共和国中小企业促进法》并自2018年1月1日起实施;2019年4月7日,中共中央办公厅、国务院办公厅联合发布了《关于促进中小企业健康发展的指导意见》,要求各地区各部门结合实际认真落实。虽然这些政策措施的出台对纾解中小企业的经营困难、融资状况、营商环境等都提供了一些帮助,但中国中小企业协会执行会长张竞强在2018年7月举办的中国普惠金融高峰论坛上仍然认为,在中小企业发展过程中,融资难、融资贵问题始终阻碍着中小企业健康快速发展。

从中央到地方各种促进中小企业发展的政策法规的实施、从国有大型金融机构到中小金融机构对中小企业的资金扶持应该说都是为了给中小企业的健康发展保驾护航,但现实是中小企业的发展仍面临诸多困难。究其原因,除了中小企业自身存在的问题,可能也与我国当前以间接融资为主的金融体系有着千丝万缕的联系,长期形成的以银行融资为主的金融体系使得间接融资成为了中小企业融资的最重要路径之一,而间接融资对借款人的各种资格审核使得中小企业在银行信贷市场上并不太受欢迎。

20世纪90年代末,Binswanger提出了"金融窖藏"的概念,主要指当虚拟经济体系提供的资本收益率高于实体经济体系提供的投资回报率时,大量资本就会流入虚拟经济体系,并暂时不会从虚拟经济体系中撤出重新投入到实体经济货币循环的现象。考虑到近年我国虚拟经济发展迅速、实体经济平均利润率下滑,大量资本出现"脱实向虚"现象,金融窖藏很可能是阻碍中小企业发展的重要原因之一。中小企业在发展过程中由于自身经济实力薄弱,随着企业的发展壮大,难免需要多次进行融资。在以间接融资为主的金融体制下,通过银行进行融资是最直接的方法,但因信息不对称、所有权属性、虚拟经济体系的投资回报率高等原因,中小企业从银行获取贷款的难度越来越大。

中央银行增加货币投放,货币供给只有通过金融体系包括银行才能转移到各微观主体(家庭、企业、政府等),但如果这些金融媒介自身的传导路径出现问题,就很容易导致资本停留在金融体系内部形成"资本空转"。长此以往,金融窖藏的雪球越滚越大,央行实施货币政策的效果也必将大打折扣。基于这样的现实背景,研究金融窖藏视角下的货币供给与中小企业发展,既是经济社会现实发展的需要,也是完善货币供给与中小企业发展之间关系的理论需要。

1.1.2 研究意义

改革开放四十多年的快速发展和新中国成立七十多年来的巨大变化使得中国这个拥有14亿人口的大国在国际社会上得到了普遍认可和尊重,也为其参与国际事务和重大决策赢得了话语权。中小企业作为中国经济发展的生力军,在国民经济持续健康发展中起到了不可替代的作用。与此同时,我们不得不正视中小企业发展过程中遇到的诸如:融资难、融资贵、税费负担较重、研发技术水平不高、高端人才缺乏、工艺设备落后等问题,解决这些阻碍中小企业发展问题的核心是给予中小企业政策支持和资金保障。为此从中央到地方出台了一系列鼓励、支持和引导中小企业发展的法律法规和措施,中小企业的市场地位和营商环境明显得到改善,但中小企业融资难、融资贵问题依然存在。实务界和学术界也围绕这一问题展开了充分的调查和研究,发现金融窖藏对中小企业融资有明显的影响,本书就这一问题展开充分的研究,旨在探讨金融窖藏是如何对中小企业发展产生影响的。

① 本书内容拓展了对中小企业发展问题研究的深度和广度,具有一定的理论价值。

研究发现,金融窖藏阻碍了货币供给向中小企业流动,这与其他研究中小企业发展问题得到的结论有所区别。人们普遍认为,中小企业发展过程中遇到的融资难、融资贵问题,除了中小企业自身存在的问题之外,货币供给不足是主要原因,实务界和学术界很多人也持同样的观点。笔者通过查阅中国人民银行网站上公布的广义货币(M2)的相关数据发现,广义货币月度余额总体上呈上升之势,但现实中中小企业融资难、融资贵问题却日渐突出且并未得到有效缓解,这与我们的普遍认知不符。那么,究竟是货币供给增长速度无法满足快速发展的中小企业对资本的需求,还是资本供应充足但因传导渠道不畅导致对中小企业发展供血不足?资本自身的逐利性决定了其会流向那些可以为其带来最大化利润的领域,结合近年来虚拟经济发展过旺和大量资本的"脱实向虚",可以认为货币供给向包括中小企业在内的实体经济的传导渠道可能存在问题,导致大量资本无法及时、足额地传递到实体经济货币循环流中,反而停留在虚拟经济货币循环流通体系中,形成"金融窖藏"。

金融窖藏是经济社会发展到一定阶段的产物,中央银行在实施货币政策时因货币供给向实体经济传导渠道不畅往往面临两难境地。货币供给发行过多,大量资本会通过金融媒介流入虚拟经济体系,增加对虚拟经济体系的资产需求,推高资产价格,提高虚拟经济体系中投机者的收益率,从而吸引更多的资本源源不断地流入;货币发行过少,货币需求增加,利率上升,实体企业包括中小企业的融资成本显著上升,企业生产出的商品会因为市场上货币量减少而价格下滑,成本和销售的双重挤压会导致部分企业的生存空间日渐收窄,这部分企业最终很可能转型或破产;残存下的企业也只能艰难维持,而收缩的实体经营资本会转向流入虚拟经济体系。因此,货币供给向实体经济传导渠道不畅会使得金融窖藏成为必然。那么,在金融窖藏视角下,货币供给与中小企业发展的真实关系是什么,是货币供给增加可以在一定程度上促进中小企业发展?还是随着货币供给的增加,虚拟经济更加繁荣,实体经济"脱实向虚"更加严重,中小企业发展受到更大阻碍?

本书旨在通过理论分析和实证研究揭示金融窖藏视角下货币供给与中小企业发展之间的真实关系,对于进一步了解货币供给和中小企业发展之间的关系是一个有益的补充,可给后续研究中小企业发展问题提供一个新的视角。

② 本书揭示了中小企业融资难、融资贵的客观原因,为政府决策者和中小企业家们认清问题本质拓宽了思路,具有极强的现实意义。

研究发现,中小企业发展过于依赖间接融资,但因为金融窖藏的原因,间接融资渠道越来越窄。因此,应加快推进金融市场的供给侧结构性改革,完善服务于中小企业的资本市场发展,推动由以间接融资为主的金融体制向以直接融资和间接融资并重的金融体制转变。中小企业对国民经济发展的重要性不言而喻,从中央到地方出台的一系列促进中小企业发展的法律法规和措施就是很好的证明,本书的研究正好可以为决策者提供参考。

本书的主旨就在于从金融窖藏视角去分析中小企业发展的"血液"即资金的流动问题,实务界经常会把中小企业发展过程中的资本"供血"不足问题定义为市场上的资本供应不足,因此经常会倡议政府和中央银行加大货币投放。然而现实是随着我国经济的高速发展,各行各业对资本的需求越来越多,政府和中央银行立足于我国经济社会发展实际,会不定期通过货币政策手段加大货币投放,加之我国近年来对外开放程度越来越高,大量的资本流入也给我国的资本市场带来充足的货币,因此,总体来说,市场上的资本供应充足,中小企业融资难、融资贵并不是因为决策部门"供血"不足。

1.2 基本思路与研究方法

1.2.1 基本思路

1997 年 Binswanger 提出了"金融窖藏"概念,这一概念是指当虚拟经济体系提供的收益率高于实体经济体系的投资回报率时,大量资本就会从实体经济体系流入虚拟经济体系,并暂时不会从虚拟经济体系中撤出重新投入到实体经济体系的这一现象。国内外学者围绕这一现象进行了一系列研究,普遍认为金融窖藏是经济社会发展到一定阶段的产物。中小企业发展态势好坏直接关系到国民经济发展是否健康、是否具有可持续性,因此中小企业发展问题一直是学术界和实务界探讨和研究的热点。大多数关于中小企业发展问题的研究都是罗列其在发展过程中存在的各种问题并从总体上给出解决对应问题的方式方法,但这类研究基本上只看到了中小企业发展困难的各种表象,并未探明这些困难之所以会产生的深层次原因。

本书结合当前我国经济社会发展实际,比如实体经济平均利润率下滑、虚拟经济发展过快等状况,基于金融窖藏视角,分析货币供给与中小企业发展之间的关系。具体思路如下:

首先,结合当前我国经济社会发展实际,分析当前我国金融窖藏的形成原因及具体表现,分析金融窖藏给国民经济带来的各种影响,并对金融窖藏的规模进行测度、对金融窖藏的相关范畴进行界定。

其次,对金融窖藏冲击下货币供给向实体经济各部门传导的有效性进行检验,通过构建各微观主体(家庭部门、厂商部门、政府和中央银行)的行为方程,观察金融窖藏冲击下货币供给变化对各微观主体的影响。

再次,考虑到金融窖藏视角下货币供给变化对中小企业发展的影响路径可能是沿着货币供给变化→金融窖藏规模变化→企业可获取的融资额变化→影响企业发展的脉络,所以本书对货币供给与金融窖藏、金融窖藏与企业融资、企业融资与企业成长之间的相关关系进行了分析,从机制上找出金融窖藏影响货币供给与中小企业发展之间关系的可能路径。

最后,结合相关数据,采用经济计量方法对金融窖藏视角下货币供给与中小企业发展之间的关系进行实证研究,并进行稳健性检验。

经济金融化程度的提高一方面可以为实体经济发展保驾护航,另一方面也可以成为经济转型之后的重要经济增长点。但经济金融化程度如果盲目提高,也会导致实体产业空心化、大量资本"脱实向虚",甚至演化成金融危机,导致经济衰退。20世纪70年代的巴西和80年代的日本,盲目地"去工业化",大力发展服务业、实施制造业外迁,结果都不约而同地出现了经济的衰退。当前我国经济也出现了类似的迹象,比如实体经济平均利润率下滑、产业空心化现象凸显、制造业核心技术落后、虚拟经济发展过快等问题。金融是国民经济的核心,更是国民经济的"血液",金融的发展是为了给国民经济这棵参天大树"供血输血",真正为"大树"提供基础营养的是技术创新带来的生产力改进,而这些创新的载体主要是实体企业。金融的发展要扮演好其"服务"的角色,为实际经济服务、为制造业服务,不能本末倒置,因为金融交易终归是"零和博弈"。

现实经济中的"产业空心化""脱实向虚""虚拟经济发展过旺"等现象是不健康的经济发展表现,这些现象概括起来,就是我们通常讲的"金融窖藏"引发的。金融窖藏主要是由实体经济货币循环流中的资金转入虚拟经济体系的货币循环流之后,并暂时不再从虚拟经济体系货币循环流中撤出导致的。这一理论可以很好地解释大量资本的"脱实向虚",可以解释实体经济"供血"不足、原材料价格普遍上涨等一系列问题。金融经济是虚拟经济的一部分,实体经济发展是根本,虚拟经济发展是上层建筑,不能把实体经济发展和虚拟经济发展本末倒置。

可以说,金融窖藏是一种现象,是当前经济社会发展中过度金融化、经济虚拟化的综合体现,也是经济社会发展到一定阶段的产物。只有通过合理的产业规划、技术升级和政策引导,才可以逐步缩小金融窖藏对实体经济各部门包括中小企业发展的不利影响。因此,基于金融窖藏视角来分析货币供给与中小企业发展之间的关系,有利于认清中小企业发展过程中遇到的主要障碍即融资难、融资贵以及实体经济整体"供血"不足等问题的本质。

1.2.2 研究方法

本书基于金融窖藏视角,分析货币供给与中小企业发展之间的关系,主要采用的研究方法如下:

1.2.2.1 文献分析法

首先,通过收集、整理和分析国内外关于金融窖藏研究的相关文献,找出当前我国在金融窖藏研究领域存在的不足,以此为突破口开展研究;其次,分析当前我国货币政策传导有效性的相关文献,基于货币政策的传导路径,分析货币政策的实施对各微观主体的影响;再次,分析国内外关于中小企业发展问题的相关研究文献,找出当前我国中小企业在发展过程中存在的各种问题的原因;最后,在充分收集、整理和分析了国内外关于货币供给与中小企业发展之间关系的文献之后,从金融窖藏视角分析货币供给、金融窖藏和中小企业发展之间的作用机理。

1.2.2.2 理论分析法

20 世纪 90 年代,Binswanger 创立了金融窖藏理论,该理论对许多经济现象和经济问题都给出了比较合理的解释,是一个比较成熟和完备的理论。但该理论在我国的传播度还不够,本书通过对该理论的介绍和结合我国经济社会实际的分析,可以很好地促进该理论在我国学界的普及及本土化。基于金融窖藏视角开展货币供给与中小企业发展之间的关系研究,对货币供给与金融窖藏、金融窖藏与企业融资、企业融资与企业发展之间的作用机理,也进行了对应的分析,为后文的实证检验和分析奠定了理论基础。

1.2.2.3 实证检验法

本书在检验货币供给向各实体经济部门传导的有效性时,针对货币供给与居民收入、物价水平、国民产出、投资水平、消费水平等变量构建了动态随机一般均衡模型,并通过脉冲响应图进行了冲击分析;在对金融窖藏理论进行详细介绍的同时,结合我国经济社会发展实际,运用相关数据对金融窖藏的各种表现形式进行了详细的罗列和分析,并测算出近年的年新增金融窖藏额,运用双变量回归分析方法发现随着新增金融窖藏额的逐年递增,其对经济增长产生了明显的抑制属性。本书基于金融窖藏视角,结合相关数据,采用经济计量方法对货币供给与中小企业发展之间的关系进行了实证研究和分析,为确保实证结果的可信性,采用不同的经济计量方法和不同的经济指标,对货币供给与中小企业发展之间的关系也进行了稳健性检验。

1.2.2.4 比较分析法

本书采取比较分析的方法选取相关主要指标,比如货币供给的代理变量。国内外文献中,对该代理变量的选取主要有狭义货币 M1、广义货币 M2、广义货币 M2 的变化率等指标,考虑到货币供给存量可能是金融窖藏额不断变化的主要原因,为便于对金融窖藏额进行测度和预测,本书选择广义货币 M2 作为货币供给的代理变量。

因衡量中小企业发展的指标选择异常困难,选择规模以上工业企业中的中小企业的各项主要效益指标(资产额、负债额、主营业务收入、利润总额等)来作为中小企业发展的代理指标显然都不能完全反映中小企业发展的实际状况,而且很多中小企业因为规模偏小、资产总额不高可能根本就不在相关统计数据库的统计范围之内,故而本书选择中小企业发展指数作为中小企业发展的代理指标。该指数是反映中小企业经济运行状况的综合指数,它通过对国民经济八大行业的 3 000 家中小企业进行调查,利用中小企业对本行业运行和企业生产经营状况的判断和预期数据编制而成,是反映中小企业经济运行状况的综合指数。

在行业选取的过程中,依据国民经济各行业对 GDP 的贡献度,共选取了工业、建筑业、交通运输邮政仓储业、房地产业、批发零售业、社会服务业、信息传输计算机服务和软件业、住宿餐饮业等 8 大行业。每个行业的调查内容,具体包括 8 个大的分项:宏观经济感受、总体经营、市场、成本、资金、投入、效益、劳动力。在具体调查过程中,考虑到不同行业的特点,8 个大的分项里面的细项调查有所区别。因此,该指标相比其他指标更具有代表性,更有综合性。

1.3　主要内容与结构安排

本书在系统梳理国内外相关研究文献的基础上,基于金融窖藏视角,分析货币供给与中小企业发展之间的关系。

首先,结合当前我国经济社会发展实际,分析当前我国金融窖藏的形成原因及具体表现,分析金融窖藏给国民经济带来的各种影响,并对金融窖藏的规模进行测度。

其次,对金融窖藏冲击下货币供给向实体经济各部门传导的有效性进行分析,通过构建各微观主体(家庭部门、厂商部门、政府和中央银行)的行为方程,观察金融窖藏冲击和货币供给变化向各微观主体进行传导的路径。

再次,对货币供给与金融窖藏、金融窖藏与企业融资、企业融资与企业成长之间的关系进行理论分析,从理论上找出金融窖藏影响货币供给与中小企业发展之间关系的作用机理。

最后,结合相关数据,采用经济计量方法对金融窖藏、货币供给与中小企业发展之间的关系进行实证研究,并进行稳健性检验,从而找出货币供给与中小企业发展之间的真实关系。

全文共分为7章,各章具体内容如下:

第1章为绪论。介绍研究金融窖藏视角下的货币供给与中小企业发展的选题背景与研究意义,阐明基本思路、研究方法、主要内容与结构安排,指出本书可能的创新点和不足。

第2章为文献综述与理论基础。本书是在金融窖藏理论、货币政策传导理论、信贷配给理论及企业发展理论的基础上展开的研究,本书从金融窖藏相关文献综述、中小企业发展相关研究文献综述、货币政策传导的有效性研究的相关文献综述、货币供给与中小企业发展相关文献综述4个方面去探究,最后发现关于中小企业发展的相关研究多是理论阐述,个别关于货币供给与中小企业发展的相关文献采用了经济计量等实证分析方法进行研究,但研究的深入性和可参考性还有待商榷。本书结合我国经济社会发展实际,从金融窖藏的视角对货币供给与中小企业发展之间的关系进行研究,具有一定的新颖性。

第3章为金融窖藏在中国的表现、影响及测度。结合我国经济社会发展实际,分析金融窖藏在我国的表现,指出金融窖藏可能会给国民经济带来的各种影响,并对中国金融窖藏的规模进行简单的测度,同时对金融窖藏与国民经济之间的关系进行回归分析。为了加深对"金融窖藏"的认识,本章紧接着对金融窖藏与"中国货币之谜"的关系进行了分析;对金融窖藏与金融体系、虚拟经济体系的相关理论范畴进行了界定,分析了它们之间的区别和联系。

第4章为金融窖藏冲击下货币供给传导的有效性检验。首先,基于金融窖藏视角对货币供给向实体经济各部门传导的路径进行分析;然后,构建包含金融窖藏冲击因素的各社会主体的行为方程,找出在金融窖藏冲击下货币供给变化对各社会主体的影响;最后,通过脉冲响应图检验货币供给变化向实体经济各部门传导的有效性以及检验金融窖藏冲击对实体经济各指标的影响。

第5章为金融窖藏影响货币供给与中小企业发展之间关系的路径分析。考虑到金融窖藏对中小企业的影响可能是沿着货币供给变化→流入实体经济各部门的融资额变化→金融窖藏规模在变化→企业可获取的融资额变化→给企业发展带来影响(尤其是中小企业)的思路,所以本章主要对货币供给与金融窖藏、金融窖藏与企业融资、企业融资与企业成长之间的关系和作用机理进行阐释以及对货币供给影响中小企业发展的现实路径进行分析,为后文的实证研究作铺垫。

第6章为金融窖藏视角下的货币供给与中小企业发展之间关系的实证分析。本章主要基于相关统计数据和前文的理论分析,对货币供给、金融窖藏与中小企业发展之间的关系进行实证研究和稳健性检验,并对实证结果进行分析。

第7章为研究结论与政策建议。本章在总结全书研究结论的基础上,提出促进中小企业健康发展的相关建议,具体的研究路线图如图1-1所示。

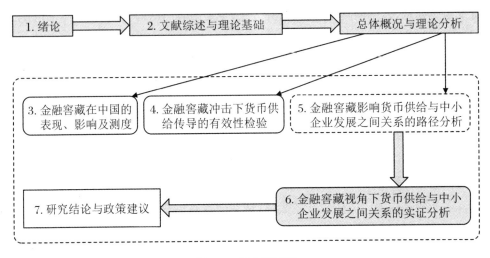

图1-1 研究路线图

1.4 创新点与不足

1.4.1 可能的创新点

伴随着中美经贸摩擦和国内经济去杠杆的双重压力,中小企业发展态势不容乐观。中小企业协会公布的中小企业发展指数显示,自2011年第三季度开始,该指数始终在景气临界值100以下徘徊,说明中小企业的管理层对宏观经济的感受趋于消极,对市场前景的预期缺乏信心,中小企业自身的基础尚不牢靠等。有鉴于此,本书从中小企业发展过程中遇到的问题入手,仔细分析产生这些问题的原因,并进行相应的理论分析和实证检验。本书可能的创新点和贡献主要体现在以下三个方面：

1. 研究视角的创新

中小企业发展过程中遇到的最大困难依然是融资难、融资贵问题，实务界和学术界一般都会建议信贷资源向中小企业倾斜、建立专门的针对中小企业融资的金融机构等。这些研究都只是对中小企业呈现出的这些问题的表象进行应急性的应对和解决，并未深究产生这些问题的原因和本质。本书经过对中小企业发展中遇到的各种问题尤其是融资问题进行详尽的分析，发现金融窖藏是影响货币供给流入中小企业的一个主要原因，并以此为突破口开展研究。

2. 研究方法的创新

选择了混频数据抽样模型方法作为实证研究方法。基于时间序列数据的传统计量经济模型暗含各变量样本数据具有相同频率的假定，在应用模型前对于不同频率的原始数据基本采用统计方法换算成相同频率，这一方面导致了部分原始样本信息的损失，另一方面也可能导致计量回归结果存在偏误和失真。但混频数据抽样模型很好地克服了这两方面的问题，保留原始数据的频率分布，用科学的数理统计方法把不同频率的样本捏合到同一模型中。

3. 金融体制改革的创新

目前学术界和实务界在研究中小企业发展问题时，尤其是针对中小企业在经营中遇到的各种难题以及谈到市场对中小企业的供血不足问题时，习惯性地建议应增加货币投放和政策倾斜。而现实情况是，从中央到地方的各级政府都十分重视中小企业发展，央行也在逐年增加货币投放。所以，经过本书的层层分析，发现中小企业出现这些问题的原因主要与我国的金融体制以间接融资为主有关。因此，书末提出我国应逐步建立适合中小企业发展资金需求的资本市场，由以间接融资为主的金融体制向以直接融资与间接融资并重的金融体制转变。在继续深化间接融资体制改革的同时，积极开拓新的直接融资渠道，加快资本市场的供给侧结构性改革。

1.4.2　有待改进之处

本书研究可能存在以下有待改进之处：

① 中国中小企业数量有几千万,目前还没有一个官方的数据库可以查询到所有中小企业的经营状况,尤其是其各种路径的融资情况的数据。

本书所选取的指标也只是官方公布的系统性指标,这些指标虽具有较强的代表性和综合性,但并不能完全概括中小企业的发展经营实际。因此,在后续的研究中,还需要尽可能地、更多地查阅和收集相关方面的数据。

② 本书对金融窖藏冲击下货币供给传导的有效性进行检验时,构建了各微观主体的动态行为方程,但这些方程都是建立在严格的假设条件下模拟得出的,所构建的动态随机一般均衡模型可能并不能很好地模拟家庭部门、厂商部门和政府与中央银行部门的行为过程,所得结论也可能仅是局部成立的。因此,在后续的学习研究过程中,还需要在此方面继续优化和改进。

③ 金融窖藏的资金来源于实体经济体系向虚拟经济体系的渗漏,但限于现有研究技术及相关统计数据的不足,这种渗漏的程度还很难把握,而且笔者对金融窖藏货币资金来源路径的分析并不能完全涵盖金融窖藏的所有资金来源。因此,在后续的学习研究过程中,还需加深对相关知识和问题的研究和思考。

2 文献综述与理论基础

2.1 相关文献综述

2.1.1 关于金融窖藏的相关文献综述

罗纳德·麦金农将中国货币增发态势明显,但社会物价总水平没有显著增加这一现象称为"中国货币之谜"。自 1997 年 Binswanger 提出金融窖藏理论以来,金融窖藏就被作为解释"中国货币之谜"的一个重要原因。但到底什么是金融窖藏,金融窖藏作用于实体经济的原理是什么?国内外关于金融窖藏的文献总体偏少,Binswanger(1997)提出的简单的货币循环流模型表明,随着金融部门参与经济活动的增加,货币创造、储蓄、投资和增长之间的关系变得更加复杂。如果越来越多的货币资金在实体经济货币循环流动之外进行循环,那么货币创造与实际投资之间的关系以及货币创造与价格水平之间的关系都将变得"模糊"。即货币在实体经济货币循环流动体系之外形成一个新的循环体系,这将对实体投资产生负面影响,价格作为配置资源手段的职能也必然削弱。Brossard 等(2016)在个人层面上研究银行为流动性支付的价格,并以 e-MID 交易平台上无抵押贷款的隔夜利率来衡量,研究发现银行的窖藏行为显著提高了市场上金融资产的价格。Kang 等(2018)研究认为,窖藏行为致使实体经济供血不足,小企业为预防不时之需会显著增加自身的预防性储备或彼此之间的短线投资,大企业则更关注交易成本问题。Andresen(2006)发现后凯恩斯主义者和研究宏观经济循环的学者经常使用"窖藏"这一概念来解释个体部门的储蓄流向问题,其认为窖藏行为极易引发系统性风险的提高。总体来看,从实体经济货币循环流动体系中撤出的资金如若不能再次投入到该循环体系,而是形成一个新的独立循环流动体系,即构成了金融窖藏。金融窖藏会对实体经济发展产生阻力,会显著提高金融资产价格导致整体的价格配置资源的属性失灵,会导致中小企业融资更加困难,更会显著提高系统性风险水平甚至引发金融危机。Berrospide(2013)认为银行进行流动性窖藏行为主要基于两大动机:预防性动机和投机性动机。比如为维持银行日常的资金周转,银行在保有一定现金余额的同时,将多余的货币购买变现能力强的理财产品、贷放给同业或投资于影子银行产品,以确保在保持充足流动性的同时,还能获取一定的收益。商业银行经营的业务除了表内业务之外,还包括贷款承诺、担保、金融衍生品业务和投资银行等表外业务。比如其为了满足自身头寸管理的需要而从事的期货、期权、远期和互换等金融衍生品业务,就可以看成其进行流动性窖藏的表现。

国内关于金融窖藏方面的文献较少,少量研究主要集中在两个方面:一方面是使用金融窖藏理论来解释一些经济现象。宋玉颖(2009)应用计量方法对我国的股票市场与经济增长的关系进行了实证分析,结果发现股市和经济增长之间并不具有长期的均衡关系,其认为金融窖藏是造成这种"股经背离"的根本原因。朱萃等(2016)基于货币结构分析,发现我国确实存在显著的金融窖藏现象,它是导致经济增速下滑、大量资本"脱实向虚"的重要原因。任行伟(2019)分析了我国货币供给与中小企业发展之间的关系,发现宽松货币政策并未改善中小企业融资困境,其通过理论研究和实证分析发现金融窖藏是造成这一结果的重要原因;另一方面是通过金融窖藏理论来解释资产价格变化。马亚明、宋婷婷(2013)基于货币循环流动的视角,探讨了金融窖藏和热钱对资产价格波动的影响,认为热钱倾向于流向股市,股市对热钱的变动具有较高的敏感度;金融窖藏对房地产价格有持续稳定的正向影响。胡援成等(2016)认为资金频繁流动形成的金融窖藏是推动金融资产价格大幅上涨的主要推手,这一方面导致实体经济因融资不足而萎缩,另一方面还极易形成金融资产的价格泡沫,提高系统性金融风险。

总体来看,这些研究并未就金融窖藏的形成原因、具体表现、作用机理及规模测度作详细的介绍和分析,仅任兆鑫(2012)对金融窖藏理论本身进行了简要地介绍和分析,但其缺少对金融窖藏的规模测算、对金融窖藏如何影响实体经济的作用机理等深层次的研究。当前我国经济出现的"产业空心化"苗头、资本的"脱实向虚"等现象越来越明显,这与 Binswanger 提出的金融窖藏给实体经济带来危害的各种表现不谋而合。因此,了解当前我国金融窖藏的基本概况及其对实体经济的作用机理尤其重要。基于此,本书立足于 Binswanger 的金融窖藏理论,详细介绍该理论的内涵及发展,并结合我国实际,分析我国金融窖藏的具体表现形式及影响,最后测算出近年来我国新增金融窖藏的规模。这一理论性的研究进一步丰富了金融窖藏理论研究的深度,对金融窖藏表现形式及影响的理论分析也为执政者制定政策提供了参考。

2.1.2 关于货币政策有效性的相关文献综述

货币政策传导的中介目标包括数量型和价格型,前者指中央银行通过操作指标的变动来增加或减少货币供给量进而达到调控宏观经济的目标,后者指中央银行通过货币政策工具来调整中长期利率进而影响整个经济体系。

对货币政策有效性开展研究的相关文献总结起来可以分为两类,第一类是对数量型中介指标和价格型中介指标的作用效果进行比较。李俊江等(2019)和林梦瑶(2018)认为价格型货币政策工具更为有效,因此应多使用利率、汇率等中介指标对国民经济进行调节。刘义圣等(2014)的研究表明,中国央行的数量型货币政策工具对总产出的调控效果好于价格型,因此在制定货币政策时应多盯住货币供给量。丁华等(2018)和张龙等(2018)发现数量型货币政策工具和价格型货币政策工具并无优劣之分,二者在面对不同经济时期及政府的不同政策目标时,各有其优势。丁华等(2018)研究结果表明,无论是数量型调控还是价格型调控,我国的货币政策调控对产出和物价均有效,而且对产出效果的时滞明显快于对物价水平的调控;在危机时期和新常态时期,价格型货币政策工具对通胀存在逆向效应,数量型货币政策工具对产出作用效果不及经济繁荣期;数量型货币政策工具促进消费、投资、进出口和信贷等变量的增长,价格型货币政策工具对存贷款利率、人民币汇率以及股票市场的调控效果更优。张龙等(2018)研究发现:在经济萧条时期,中央银行更希望促进经济发展,当以降低物价水平和促进公共经济发展为首要目标时,数量型货币政策更有效;当以刺激产出增长、提高就业水平、促进私人经济发展以及推动金融市场发展为首要目标时,价格型货币政策更有效;在经济高涨时期,中央银行更希望稳定经济波动,当以控制物价和经济波动为首要目标时,应采取价格型货币政策进行调控;当以控制产出、就业、私人经济以及金融市场的经济波动为首要目标时,应采取数量型货币政策进行调控。

第二类是对货币政策作用于实体经济的效果进行评判。Reza 等(2020)在修正的新古典经济增长框架中研究了货币政策的有效性。通过加入参数变化下的债券市场,将一个双资产模型扩展到一个三资产模型,证明了货币扩张对通货膨胀的影响在双资产模型中是完全的,而在三资产模型中则是不完全的。此外,还发现在这两个模型中,由于财政政策的干预,货币政策对经济增长的影响是不明确的。

Zulquar 等(2020)研究考察了不确定性对印度这一发展中国家货币政策有效性的影响,通过使用非线性 VAR 模型研究发现,不确定性影响货币政策冲击的有效性;与低不确定性制度相比,高不确定性制度下的货币政策冲击效应较弱。周波等(2019)研究发现,使用 M2 和社会融资规模共同作为货币政策中介目标更有利于提升货币政策有效性。杜丽群等(2016)运用 1995~2013 年的宏观数据研究发现:货币是非中性的,对经济产出和物价变动均存在影响。在金融危机以前,信贷渠道是经济产出的主要传导渠道,货币渠道是物价变动的主要传导渠道;在金融危机以后,货币对经济产出和物价变动的影响存在明显的不可控性,信贷渠道与货币渠道共同成为经济产出的主要传导渠道,同时取代货币渠道成为物价变动的主要传导渠道。马德功等(2017)通过构建向量误差修正模型对次贷危机以来货币政策传导机制有效性进行实证分析,得出中国货币当局实施的货币政策的传导机制是有效的。周安(2019)通过选取国内上市商业银行 2007~2017 年数据,对银行竞争与影子银行的关系做了实证研究,结果发现,影子银行规模的提升对货币政策传导的有效性具有实质性影响,影子银行对货币政策的缓释作用可能引发流动性陷阱。陆虹(2013)对 1998 年第一季度至 2010 年第二季度的货币供应量、信贷规模、GDP 和通货膨胀的数据进行实证分析,认为信贷渠道和货币渠道均在我国货币政策传导机制中发挥了重要作用,但信贷渠道出现了低效性和不稳定性,再以状态空间模型估计我国货币政策信贷渠道作用的动态变迁轨迹,发现信贷渠道的作用在长期有逐步弱化的趋势,但在特定阶段信贷渠道的作用还会被强化。李戎等(2017)的实证结果表明,现阶段我国货币政策冲击对股票市场没有显著影响,但股票价格冲击在 2005 年人民币汇率制度改革之后对我国的产出、M2 供应及通货膨胀影响的显著性均明显提升。

前人的研究文献可总结为两个方面:第一,货币政策调控虽有效,但存在低效和不稳定的情况;第二,数量型货币政策工具和价格型货币政策工具孰优孰劣,学术界尚未形成一致的观点。考虑到当前我国主要实行的是盯住货币供给量的数量型货币政策工具,本书构建了动态随机均衡一般模型,检验在金融窖藏冲击下货币供给的变化对实体经济各部门传导的有效性。

2.1.3 关于中小企业发展的相关文献综述

当前我国仍处于社会主义初级阶段,坚持公有制为主体、多种所有制经济共同发展的基本经济制度是推动我国国民经济健康发展的制度保证。国有企业的股份制改造工作业已完成,其对国民经济发展的贡献非常巨大。大力发展民营经济、培育新的经济增长点也已成为了从中央到地方的共识,这其中占民营经济绝大部分的中小企业的发展不得不重视起来。中小企业在拉动就业、推动万众创新、促进国民经济增长和维护社会和谐稳定等方面的作用不可替代。据国家市场监督管理总局披露的信息,目前我国中小企业有3 000多万家,占全部注册企业总数的99%,其贡献了我国约60%的GDP、50%的税收和80%的城镇就业。中小企业正在成为我国经济新动能的重要源泉之一,是经济结构优化升级的重要支撑,也是保障和改善民生的重要依托。

学者们围绕中小企业发展进行了大量的研究,这些研究概括起来主要集中在两个方面:

首先是围绕中小企业发展过程中存在的各种突出问题开展研究。龚建文(1999)和张承惠(2011)认为中小企业在发展过程中遇到的问题主要分为内部和外部两方面,诸如政府对中小企业扶持不力、监管不严,中小企业税负过重等外部问题,中小企业组织和产业结构不合理、中小企业自身素质低等内部问题。王玉主等(2018)研究东亚各国中小企业,发现东亚各国中小企业普遍存在综合竞争力不强、国际市场开拓能力不足、融资困难、人力资源不足等问题。王建优(1999)认为国有中小企业的困境一是资产额小、负债率高;二是效益差、亏损大;三是生产技术落后、管理水平低;四是人力资源不足;五是国有中小企业的地方化、部门化,使得效益好的企业难以成为独立的市场经营主体。

其次是围绕中小企业发展过程中的融资难题这样一个热点话题开展研究。徐晓音等(2008)对湖北省中小企业融资状况进行了调研,发现湖北省中小企业融资中仍存在一定程度的所有者歧视现象,创新能力有助于提高企业的融资能力。胡腾辉(2007)认为我国目前中小企业普遍存在着生产规模小、资金缺乏、经济实力相对较弱的状况。陈威等(2002)和吴元波等(2008)认为中小企业贷款难的问题主要为企业贷款难和银行放款难,因此应通过健全法律法规来保障中小企业利益。陈灏(2013)和黄惠琴、杨晓丽(2009)认为我国中小企业融资困境主要为中小企业规模小、抵押资产少、经营者素质不够、政府对中小企业的扶持力度不够、融资渠道窄。史春欣等(2015)认为解决中小企业融资难问题需要从政府金融部门加大对中小企业的政策扶持和中小企业提高自身的社会信誉两方面共同努力。石琴(2004)提出构建新型"主银行"模式可以有效缓解中小企业的融资困境。赵智(2006)认为中小企业直接融资与间接融资的不协调危及我国的金融安全。

学者们围绕中小企业发展开展了大量充分的研究,丰富了中小企业发展研究的相关理论,拓宽了对中小企业发展这一问题的认识。但这些研究在以下两方面仍存在不足:第一,这些研究多是针对中小企业发展过程中遇到的各种问题进行表征分析,缺乏对产生这些问题原因的深入探讨和数据支撑。多数研究是从理论层面对中小企业中遇到的问题进行的针对分析,对造成这些问题的深层次原因未一一探究,这可能是基于分析样本的有限性或分析技术的不足。第二,这些研究基本是从整体上或者某一局部地区的中小企业现状进行理论和现实分析,因为我国各区域经济发展水平参差不齐导致各区域的中小企业发展面临的问题也有所差异,因此,缺少针对我国不同区域的中小企业开展差异化研究的相关文献。本书基于以上两点作为突破口开展研究,具有一定的现实意义和理论意义。

2.1.4 金融窖藏与货币供给的相关文献综述

根据 Binswanger(1997)给出的金融窖藏概念,金融窖藏是指当虚拟经济体系提供的平均收益率高于实体经济的投资回报率时,大量资本就会从实体经济体系中撤出流入虚拟经济体系,并暂时不会从虚拟经济体系中撤出重新投入到实体经济体系的现象。中央银行实施货币政策时,货币供给的传导环节是从中央银行→商业银行等金融机构或金融市场→各社会主体→作用于社会总消费、总投资等。当各社会主体把手中持有的投入到实体经济的资本,伴随着实体经济的平均收益率下滑而下滑时,会有一部分从实体经济撤出转而流入虚拟经济体系,并暂时不会重新投入到实体经济中,这种现象称之为"脱实向虚",是金融窖藏的一个表现形式。当各社会主体把手中持有的剩余资本直接投入到虚拟经济体系以获取利润时,也形成了金融窖藏。那么,研究金融窖藏与货币供给的关系就是研究虚拟经济体系的高回报与货币供给的关系,而这种高回报往往是由高资产价格引起的。因此,研究金融窖藏与货币供给的关系,就是研究资产价格变化与货币政策的关系。

国内外学者一致地认为金融窖藏与货币供给之间存在必然的联系,但因研究对象、研究方法、研究视角等的不同,大多数研究都只关注到二者之间关系的一个方面。少数学者关注资产价格波动对货币政策的映射作用。Friedman(1988)认为资产价格可以通过财富效应、资产组合效应和交易效应正向影响货币需求,而替代效应负向影响货币需求。徐妍、韩雍(2019)和徐妍等(2015)研究发现,房地产价格的非效率因素影响了中国中央银行的货币政策决策。陈继勇等(2013)研究结果显示,中国货币政策事实上对资产价格做出了某种程度的反应。大部分学者研究的是货币政策调控对资产价格的影响。Rigobon 和 Sack(2002)、陈浪南和刘劲松

(2018)、卢超和聂丽(2016)、李芳芳等(2019)研究结果表明,货币政策变动对股票市场价格有显著影响。刘喜和等(2014)、罗雁(2018)的研究结果显示,货币政策变动会对物价产生影响。Negro 和 Otrok(2007)、贾俊雪等(2011)、李庆华和郑庶心(2020)、郭娜和周扬(2019)的研究表明,货币政策变动会对房地产价格产生显著影响。Airsudo(2013)、来艳峰(2018)、吴成颂和王琪(2019)、陈继勇等(2013)、干杏娣和杨阳(2019)、姜富伟等(2019)的研究表明,货币政策调整会对资产价格产生显著影响。

总体而言,对资产价格与货币政策之间关系研究的文献基本只关注了二者互动的一个方面,基于此,本书在对金融窖藏与货币供给之间关系进行研究时,会从两个方面上分别对二者之间的关系进行研究。

2.1.5 货币供给与企业发展的相关文献综述

传统西方经济学理论认为货币供给的变动影响企业发展主要通过两个渠道:一是货币渠道,货币政策宽松度通过对市场利率的调节,改变了企业的投资决策;二是信贷渠道,货币供给变化改变了市场上的可贷资金余额,影响企业可获得的市场融资及下一步的投资决策。不管是哪条渠道,无非是直接影响企业融资成本与规模,间接影响企业投资决策和投资机会。

国内外文献对此也进行了大量的研究,有的学者直接从货币渠道与信贷渠道的角度开展研究。Bernanke 等(1988)通过修改 IS-LM 模型使得货币和信贷在模型中处于平等的地位,并通过实例证明货币路径比信贷路径对经济发展的影响更强烈。张西征等(2012)使用中国上市公司面板数据进行实证研究的结果表明,货币政策通过"供给效应"和"需求效应"共同影响企业的发展。于博(2014)指出货币政策会通过影响企业的固定资产投资和营运资本投资来影响企业的投资效率。Bernanke 等(1995)指出人们往往由于货币政策对市场利率的影响而高估货币供给波动对企业发展的影响。

有的学者从融资约束角度出发对货币供给如何影响企业发展展开研究。黄志忠等(2013)以 2002~2010 年沪深上市公司季度数据为基础进行实证研究,结果发现,宽松的货币政策缓解了企业融资约束,促进了企业扩张投资。欧阳志刚等(2016)基于中小企业板上市企业财务数据展开研究,也得出了类似的结论,宽松货币政策可以显著改善中小企业的融资约束,尤其是对民营企业融资约束环境的改善更加明显。钟凯等(2017)研究发现,紧缩的货币政策会显著加剧企业的融资约束,迫使企业依赖内部资金进行创新。杜传文等(2018)研究发现,紧缩性货币政策使得企业必须过多地依赖内部资金,融资约束程度的加强不利于企业价值的提升。全怡等(2016)以沪深 A 股盈利上市公司为研究对象,发现紧缩货币政策抑制了企业现金股利的发放,当企业面临融资约束时,这种抑制作用会显著增强。

有的学者从政府干预、信贷配给的角度阐述这一问题。穆争社(2005)研究认为,商业银行的信贷配给行为会降低企业的信贷可得性,致使企业的投资规模和盈利额度下降。韩东平等(2015)选择了 2003~2012 年 312 家中国民营上市公司为研究样本进行研究,发现在政府对信贷资金配置施加微观干预的情况下,宽松货币政策会降低外部管理能力相对较强的企业的融资约束,加重内部管理能力相对较强的企业的融资约束。学者们就这一问题专门以民营企业为研究对象开展研究的文献并不多,钱雪松等(2015)研究发现,中国货币政策利率传导存在显著的体制内外差异,处于体制内的国有企业与体制外的民营企业相比,总能享受到融资优待,民营企业的融资成本始终处于高位。连军等(2018)基于 2008~2016 年中国沪深 A 股市场上的高新技术企业的数据进行实证研究发现,货币政策的不稳定会抑制民营企业的研发投资,不确定性程度越高,对民营企业研发投资的抑制作用就越大。

还有一部分学者从其他视角对这一问题开展研究,杜勇等(2017)认为宽松的货币政策会推动企业的金融化业务对企业未来主业产生明显的负面效应。钟凯等(2016)基于"投资-短期贷款"敏感性以及构造的"短贷长投"变量进行实证研究,结果表明,货币政策水平的适度提高对于抵制"短贷长投"的负面效应有显著影响。张超等(2015)以我国 A 股上市公司为样本开展研究,研究发现,在经济平稳时期,货币供给与企业投资不足以及过度投资正相关,信贷供给与投资不足负相关、与过度投资正相关;在经济增长非平稳时期的信贷渠道作用发生部分反转。钟凯等(2016)基于 2004~2012 年中国 A 股上市公司的数据进行研究,发现货币政策紧缩程度对企业信贷期限结构的负向影响会随着信息透明度的提高而逐渐缓解。Lemmon 等(2010)详细阐述了信贷供应的波动是如何影响企业融资和投资的。

前人的研究文献从不同角度证实了传统西方经济学理论中货币政策调整通过货币路径和信贷路径影响企业发展的论述,这些论述丰富了货币供给与企业发展的相关研究成果,也拓宽了后续研究者的视野。但这些研究存在以下两点不足:第一,未明确货币政策的两条传导路径是怎样影响不同规模企业的,以及货币供给变化对大型企业和中小企业的发展是否具有相同的影响;第二,因为"金融窖藏"的存在,货币政策调整是否还能如预期一样促进中小企业发展。正如陈清等(2018)解释"金融窖藏"时说,央行向市场大量投放货币,促进了金融业的繁荣,提高了经济金融化水平,加剧了经济"脱实向虚"。当决策者意识到这个问题时,一般会减少商业银行的信贷投放,加强对信贷市场和资本市场的管理。中小企业不得不面临同国有企业、大型企业争夺信贷资源的境地,信贷双轨制使得中小企业在这种竞争中损失惨重。同时,经济金融化水平提高加速了金融窖藏,吸引更多的资本流入虚拟市场,中小企业融资生态环境进一步恶化。基于此,本书从金融窖藏的视角分析货币供给变动会对中小企业发展产生何种影响。

2.2 相关理论基础

2.2.1 金融窖藏理论

"金融窖藏"的概念是 Binswanger 于 1997 年首次提出,并对其内涵进行了解读,后经学者们不断完善和补充,形成了完整的理论。

2.2.1.1 窖藏、现金窖藏与金融窖藏

1. 窖藏

金融窖藏的产生首先要从"窖藏"说起。在金融学中,窖藏是指一段时期中市场上出现了流动性过剩,从而引发货币持有者将多余的货币进行储藏的这种行为,也即从货币循环流中撤出并暂时不再投入到货币循环流中的那部分资金。Robertson(1933)认为窖藏是指在个人收入水平不变的条件下,当期所持有的现金及可支配收入多于前一期的状态。这个概念类似于储蓄,但又不同于储蓄:储蓄是非支出性消费,是一种投资的范畴;窖藏是不支出也不投资。Keynes(1936)曾在其著作《通论》中给窖藏下了定义,其认为窖藏是指流动性偏好(现金需求)的上升或对货币型资产需求的提高,这一定义与 Robertson 定义的区别在于未考虑时期因素。

2. 金融窖藏与现金窖藏

随着货币形态的演变,窖藏的范围逐渐变宽,比如从储藏货币到长期持有股票、商品房等。此时,我们可以称这种广义的窖藏为"金融窖藏",主要指的就是大

量货币资金从实体经济货币循环流中撤出流入虚拟经济体系,并暂时不再重新投入到实体经济货币循环流中的这种现象。货币政策传导一般是从中央银行到商业银行等金融机构和金融市场,再由商业银行等金融机构和金融市场到企业、居民等非金融部门的各类社会经济主体,再由各类社会主体的行为方式(消费、投资等)来影响社会总需求、总供给。金融窖藏现象的发生有两条发生路径,如图2-1所示。

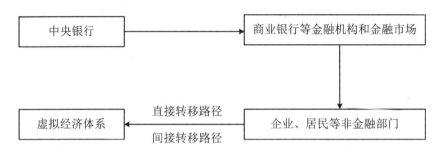

图 2-1 金融窖藏形成路径图

直接转移路径是指货币供给传导到企业、居民等金融部门之后直接转移到虚拟经济体系,比如居民购买股票、债券等金融工具,甚至直接拿出多余的货币投资房产,这种对房产的投资既不属于刚性需求,也不属于改善型需求,而是一种投机行为。在我国以间接融资为主的金融体系中,因为中小企业与大型企业、国有企业在银行借贷市场上的市场地位不同,导致大型企业、国有企业可以较容易地从银行申请到大笔贷款,再通过下属财务公司或其他形式将资本投资于虚拟经济体系,以获取较高的收益率,这种形式就是金融窖藏形成的直接转移路径。间接转移路径就类似于"脱实向虚",指大量资本传导到企业、居民等非金融部门之后,因实体经济平均利润率下滑,导致大量资本从实体经济生产环节中撤出,转而流入虚拟经济体系这个过程。直接转移路径和间接转移路径的主要区别体现在这些传导到企业、居民等非金融部门的资本是否曾投入到实体经济生产过程中,如果只是短暂停留在企业、居民等非金融部门的手中,又迅速转移到虚拟经济体系,就是直接转移路径;而资本经"脱实向虚"过程流入到虚拟经济体系并暂时不会从虚拟经济体系撤出的现象就是间接转移路径形成的金融窖藏。

如果狭义来看,窖藏现金也就是通常意义上的现金窖藏或货币窖藏,这是每个微观部门都存在的情形。家庭部门和非金融企业部门手中既未用于消费也未用于投资,且未储蓄在金融机构的那部分以现金形式持有的货币就可称为现金窖藏。家庭部门持有的现金窖藏是当今经济社会中窖藏的主要形式之一,但这部分窖藏额很小,因为家庭部门不愿意大量持有具有机会成本的现金。非金融企业部门手中持有的既不打算投资于生产又不愿意储蓄在金融机构的货币也是窖藏的主要形式之一,但考虑到机会成本的因素,这部分现金窖藏同样很少。

3. 现金窖藏与金融窖藏的区别

家庭部门和非金融企业部门除了现金窖藏以外,其他的非现金窖藏(比如收藏古玩、购买证券、投资楼市等)都可以被金融机构转移到虚拟经济体系上进行投资运作。所以,从实体经济货币循环流中撤出并暂时不会重新投入到实体经济货币循环流,而是通过金融媒介流入到虚拟经济体系的货币资金,就是金融窖藏。具体表现为当期从实体经济货币循环流中撤出并流入虚拟经济体系的资金变多,金融窖藏就增加;当期从虚拟经济体系中撤出重新投入到实体经济货币循环流中的货币资金变多,则金融反窖藏增多。

现金窖藏不同于金融窖藏,现金窖藏的货币主要行使其储藏货币的职能,只是对货币存在形态的一种概括。现金窖藏增多会降低家庭部门、非金融企业部门、金融部门和政府部门投入到实体经济货币循环流中的资金,不利于推动实体经济增长。现金窖藏的持有者主要是各部门手中持有的执行储藏职能的那部分货币,而一旦这部分货币借助于金融媒介流入虚拟经济体系追求投机收益,就形成了金融窖藏。还有,从实体经济体系撤出并重新投入到虚拟经济体系的这部分资金也形成了金融窖藏。金融窖藏的资金规模庞大、交易频繁,资金持有者依据其风险承受能力不断地调整投资组合,以期达到最佳的风险收益。金融窖藏领域的金融交易不依托于商品贸易交易,因此不能直接推动实体经济的增长,更不会直接引起通货膨胀;其占用的资金量越大,实体经济体系资金供给就越不充分,就会加剧实体经济的经营困难,从而拖累实体经济。当然,资本都具有逐利性,金融窖藏领域的资金通过金融媒介创造的各种金融工具可以给资金持有者带来一定的收益,比如资本利得、利差收益、佣金和其他费用等。金融窖藏领域资金增多推动了虚拟经济体系的繁荣,虚拟经济体系的快速发展拓宽了实体经济体系的融资渠道,提高了国民经济的活跃程度,但虚拟经济体系发展过快也易引发资产价格泡沫甚至是经济衰退。因此,金融窖藏对国民经济发展是有利也有弊。

2.2.1.2 金融窖藏的由来

为了分析市场上货币循环流动对国民经济的影响,首先分析一个简单的三部门模型,三部门包括住户、非金融企业部门和金融部门。货币在每个部门内部流动都不属于货币循环流分析的范畴,只有货币从一个部门净流出至另一个部门,才构成各部门之间的货币循环流。比如非金融企业部门向住户购买生产资料进行生产,属于资金流出一方,住户将所获货币的一部分储蓄在金融机构,此时货币的流动形式为:非金融企业→住户→金融机构;非金融企业扩大再生产需要大量货币资本,除自有资本之外,还需要从金融机构进行贷款,从而形成了金融机构→非金融企业之间的货币流;住户也可能为了自身发展,比如求学、自主创业等,向金融机构申请贷款,从而形成金融机构→住户的货币流;非金融企业部门会把暂时闲置的盈余资金存入金融机构,形成非金融企业→金融机构的货币流;住户手中的闲余货币也可能以投资者的身份向非金融企业、金融机构投资,形成住户→非金融企业,住户→金融机构的货币流;还有住户也可能通过出卖劳动力从非金融企业、金融机构获得收益,形成非金融企业→住户,金融机构→住户的货币流。总体来看,简单的三部门模型向我们描述了一个互通有无、彼此关联的三部门货币循环流动图,如图2-2所示。

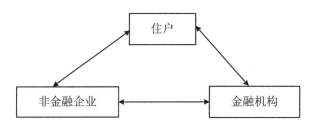

图 2-2　三部门货币循环流动图

金融机构背后依托着巨大的金融市场,金融市场包括货币市场、资本市场、黄金市场和外汇市场等,每一个子市场都具有巨大的资金吸附和存储功能。一旦资金从住户和非金融企业流入到金融机构,并暂时不能再次投入到三部门的货币循环流中,就形成了"金融窖藏"。停留在金融机构的货币借助于金融工具如股票、债券、基金和金融衍生工具等流入虚拟经济体系,居民也可将手中闲散的货币投资于虚拟经济体系,形成金融窖藏。金融窖藏的投资领域为包括证券市场、房地产市场、农产品期货期权市场、石油期货期权市场、古董文物收藏市场、稀有贵金属投资市场等在内的虚拟经济体系。这里之所以界定房地产市场属于虚拟经济体系,主要是基于房地产市场对资金的大量且长期的占用,而且这种大量且长期的占用并未生产出新的产品,只是存在给持有者带来收益的可能性,类似于投机的性质。另外,房地产本身对资本的巨大吸附功能,使得其占用的资本总额远超房地产的价值。所以从这个角度可认为房地产市场属于半虚拟经济市场。虚拟经济体系是与实体经济体系相对的一个概念,货币在住户、非金融企业和金融机构之间循环流动时,构成了实体经济体系的货币循环流动。从整体的社会劳动分工来看,在三部门基础上加上政府部门和对外贸易部门,就构成了五部门,一个完整的实体经济货币循环流动体系就指的是五部门之间的货币循环流动。

货币在五部门循环流动的过程中,也可能停留在某一个部门内部,造成货币循环流动受阻,比如家庭部门为应对预防性需求,选择手中持有部分现金;比如企业部门为保持企业财务的流动性要求,也会持有一部分现金,政府部门和对外部门也不例外,都会或多或少保有一部分现金。这种以现金形式持有的货币即"现金窖藏",这种窖藏不能给窖藏人带来任何的货币性收益。金融部门的主要经营对象是货币,货币又具有典型的逐利性,当虚拟经济体系带来的收益率超过实体经济收益率时,货币就会停留在虚拟经济体系,这些货币在虚拟经济市场上借助各种金融媒介循环流动下去,构成了一个新的货币循环流动体系,称为虚拟经济货币循环流动体系。当实体经济体系带来的投资回报率长期低于虚拟经济体系的收益率时,货币就会源源不断地通过金融部门流入虚拟经济体系,造成实体经济发展供血不足、虚拟经济资产价格膨胀。这样的结果一方面会导致实体经济逐渐衰落,另一方面还会导致虚拟经济体系的系统性风险陡增,给整个国民经济发展埋下了隐患。

2.2.1.3 金融窖藏的模型构建

Binswanger 在封闭的三部门货币循环流动的基础上,将金融窖藏概念引入到货币供求模型中。正如前文所言,金融窖藏是指从实体经济体系货币循环流中撤出流入虚拟经济体系中的货币量;金融反窖藏恰好相反,是指从虚拟经济体系中撤出重新投入到实体经济体系中的货币量。在确定了资金的供给和需求之后,供需均衡时的关系式如下:

$$Y_t + D_t + DF_t + \Delta M_t = GI_t + C_t + IF_t \quad (2.1)$$

其中 Y 为收入水平; C 为消费水平; GI 为总投资; D 为折旧免税额,指企业对生产设备的投资是一次性投资,但这种投资是分期计入成本的; ΔM 为新增货币供给; DF 为金融反窖藏额; IF 为金融窖藏额。

假设收入主要用于消费和储蓄,则 $Y_t - C_t = S_t$,其中 S 为储蓄水平,所以式(2.1)可改写为

$$S_t + D_t + DF_t + \Delta M_t = GI_t + IF_t \quad (2.2)$$

式(2.2)的左边为在 t 时期向货币循环流上供给的资金额,右边为在 t 时期从货币循环流上提取的资金额。金融反窖藏额 DF_t 实际上取决于金融机构愿意将前期的 $IF_{t-1}, IF_{t-2}, \cdots$ 以多大比例 f 投入到每一期的货币循环流中,形如:

$$DF_t = f \cdot IF_{t-1} + f \cdot (1-f) \cdot IF_{t-2} + f \cdot (1-f) \cdot (1-f)$$

$$\cdot IF_{t-3} + \cdots + f \cdot (1-f)^{n-1} \cdot \sum IF_{t-n}$$

设 ΔF_t 为 t 时期从金融窖藏领域重新投入到实体经济货币循环流通体系的资金额,即 $\Delta F_t = DF_t - IF_t$,则式(2.2)可以改写为

$$S_t + \Delta F_t + \Delta M_t = GI_t - D_t \tag{2.3}$$

其中,$GI_t - D_t = I_t$,即每期的新增投资,所以式(2.3)变为

$$S_t + \Delta F_t + \Delta M_t = I_t \tag{2.4}$$

式(2.4)意味着新增投资的资金来源于储蓄、新增金融反窖藏额和新增货币供给。式(2.4)是在不考虑政府部门和对外部门的情况下,得到的货币资金供求均衡时的表达式,如果考虑政府部门和对外部门,设政府赤字为 GD,$(X-IM)$ 为净贸易盈余(赤字),NF 为净资本流入,则根据货币供给等于货币需求,式(2.4)变为

$$S_t + \Delta F_t + \Delta M_t + NF_t + (X_t - IM_t) = I_t + GD_t \tag{2.5}$$

式(2.5)也可以写为

$$-\Delta F_t = (S_t - I_t - GD_t + \Delta M_t) + (X_t - IM_t + NF_t) \tag{2.6}$$

式(2.6)意味着,当期从实体经济体系货币循环流中撤出并流入虚拟经济体系的新增金融窖藏额由两部分构成,一部分是来源于国内的居民、企业、金融机构和政府的储蓄与投资的差额以及金融部门的新增货币额,另一部分来源于对外部门的净出口和净资本流入额。前一部分主要取决于所在地区的实际利率水平及货币政策松紧度,后一部分主要取决于所在地区对外贸易和资本流动的开放程度及国别间的汇率差异。这种大批量的资金从实体经济货币循环流动体系流向虚拟经济货币循环流动体系形成的金融窖藏资金,通过推高资产价格提高投机收益率的同时,也导致实体产业运行资金进一步不足。一旦货币资金从金融领域急速撤出,可能会迅速地提高系统性金融风险水平,甚至造成不可估计的严重经济后果。

2.2.2 货币政策传导理论

货币政策传导机制是指从运用货币政策到实现货币政策目标的过程,货币政策传导机制是否完善及提高,直接影响货币政策的实施效果以及对经济的贡献。货币政策分为制定和执行两个过程,制定过程从确定最终目标开始,依次确定效果目标、操作目标、政策手段。执行过程则正好相反,首先从操作政策手段开始,通过政策手段直接作用于操作目标,进而影响效果目标,从而达到最后实现货币政策最终目标的目的。

2.2.2.1 我国货币政策传导机制的历史演变

1. 传统体制下的直接传导机制

在传统的计划经济管理体制下,中央银行实施货币政策要服从当时的国民经济全局,货币供应量及信贷总规模都包含在国民经济综合计划之内,甚至它们分布的产业和区域都已计划清楚,此时的货币政策传导是典型的直接传导。中央银行的政策工具只有信贷计划以及派生的现金收支计划,在执行计划时直接为实现宏观经济目标服务,这种机制完全采用行政命令的方式通过指令性指标运作,其特点如下:

第一,因为减少了很多中间环节,所以该种方式简单、时滞短、作用效应快;

第二,中央银行制定的信贷、现金计划从属于实物分配计划,中央银行无法主动对宏观经济进行调控;

第三,这种指令性运作由于缺乏中间变量,政策缺乏灵活性,政策变动往往会给经济带来较大的波动;

第四,由于缺乏其他的融资渠道,各类企业对银行依赖性强,实际上是资金供应的大锅饭。

总体来看,此时的货币政策完全依赖于政府的指令计划,央行缺少自主实施货币政策的独立性,而不管是宽松型抑或紧缩型的货币政策都会因缺少中间变量的传导,导致给经济带来较大的波动,这种波动有可能是正向的,也有可能是负向的。

2. 改革以来的双重传导机制

自经济体制改革至1997年,货币政策直接传导机制逐步削弱,间接传导机制逐步加强,但仍带有双重传导特点,即兼有直接传导和间接传导两套机制的政策工具和调控目标。此时的货币政策工具主要有信贷计划和贷款限额,操作目标主要有存款准备金、同业拆借利率和基础货币,使用货币政策工具会直接影响信用总量和货币供给量,此时的利率主要还是管制利率,传导途中改变的只是各社会主体的货币供给量。改革之初,货币转化为存款和现金比较透明,贷款总量基本反映了中央银行向市场注入的货币供应量,只要守住了贷款总额就几乎守住了中央银行向市场投放的货币供给量。在改革之后,这两者的相关性减弱,只控制贷款并不能完全调控货币供应量,直接控制的效果减弱。因为,中央银行可以控制的是各商业银行向央行申请再贴现的贷款金额总数,却不能控制商业银行之间的同业拆借及商业银行通过利率调节的贷款额,也即无法对货币供给总量进行控制。然而,在货币政策间接调控货币供应量的机制不完善时,只能两者并用。在经济过热、通货膨胀严重时,商业银行大量的资本已流入市场,此时其自身的资本量是有限的,央行直接控制贷款额比通过利率等手段进行间接调控的效果更好,所以中央银行并没有马上放弃它,而是形成了双重调控的特点。但在经济遇冷、通货紧缩时,实体经济不需向商业银行申请贷款,商业银行自身的资本充足,其也不需向中央银行进行贴现,此时的间接调控基本起不到作用。

3. 1998年后以间接传导机制为主

我国经济经历了1994~1996年的高通胀后"软着陆"成功。1988年推出的《巴塞尔协议》在经过几轮的修改之后,对各国商业银行防范风险作出了很好的示范,我国商业银行也开始逐步推行资产负债比例管理,各级政府防范金融风险的意识也大大增强,取消贷款限额的条件基本成熟。

1998年我国不失时机地取消了对商业银行的贷款限额,这标志着我国货币政策传导机制从双重传导过渡到以间接传导为主。然而,我国的社会主义市场经济体制仍在建立之中,商业银行和企业的运行经营机制还不健全,所以货币政策传导效应也有待提高。只有真正按现代企业制度的要求加快商业银行和企业的改革步伐,使其对中央银行的货币政策传导反应灵敏,才能完善货币政策传导机制。

1999年,国务院先后成立了4家直属国务院的资产管理公司:东方资产管理公司、信达资产管理公司、华融资产管理公司和长城资产管理公司,专门负责处置四大行的不良资产问题,剥离不良资产推动了国有商业银行的股份制改革之路。

我国自2001年加入世界贸易组织(WTO)以来,开放外资银行的人民币业务和零售业务,使得国内银行面临外资银行在经营理念、经营效率、经营范围等领域的全方位竞争,彼时唱衰国内银行业发展前景的声音不绝于耳,这又进一步推动了国有商业银行的股份制改革。

2003年12月,时任国务院总理温家宝在访问美国时公开表示,中国国有商业银行改革的目标已经设定,在半年之内就会开始,自此,国有商业银行改革全面提速。

回顾历史,国有商业银行股份制改革总体上分为三个步骤:一是财务重组,即在国家政策的扶持下消化历史包袱,改善财务状况;二是公司治理改革,即根据现代银行制度的要求并借鉴国际先进经验对银行的经营管理体制和内部运行机制进行改造;三是通过在境内外资本市场上市进一步改善股权结构,真正接受市场的监督和检验。

截至2010年中国农业银行的上市,我国国有商业银行股份制改革初步完成。

2.2.2.2 货币政策的传导途径

在西方经济学中,货币政策的传导机制大致可分为4种途径:利率传导机制、信贷传导机制、资产价格传导机制和汇率传导机制。

1. 利率传导渠道

货币政策利率传导渠道被认为是货币政策最重要也是最有效的传导渠道,其中以传统的凯恩斯主义为代表。凯恩斯认为货币供给量的变动首先会引起利率变动,利率变化又会引起投资波动,投资波动对实体经济包括就业、产量和收入水平都会产生影响。具体流程可表示为

$$M\uparrow(\downarrow) \to r\downarrow(\uparrow) \to I\uparrow(\downarrow) \to Y\uparrow(\downarrow)$$

即货币供给量(M)增加(降低),会引起利率(r)下滑(升高),推动投资(I)增加(降低),最终会引起国民经济的增加(降低)。但该传导渠道并不总是畅通的,比如随着货币供给量的增加,利率会降低,但当利率降低到一定程度以后,此时无论如何增加货币供给量,利率都不会再降低,即出现了"流动性陷阱"现象。再比如当利率下滑之后,并不一定能刺激到投资的增长,只有当利率水平下滑到小于资本边际效率时,投资才会增加。我国很长一段时期采取的都是"官定利率",这有利于中央银行在实施货币政策时对利率传导机制的选择。但"官定利率"不利于金融资源的合理化配置,不利于资本的自由化流动。随着利率市场化的稳步推进,中央银行依靠利率来调节货币供给量的行为变得越来越少。

2. 信贷传导渠道

信贷传导渠道可以理解为是一个包括货币、债券和贷款三种资产组合的模型,并且在债券和贷款之间不存在完全替代关系。新凯恩斯主义认为,信贷传导渠道包括以下两个基本渠道。

(1) 资产负债渠道

当中央银行货币政策操作不仅影响到市场利率,而且还直接或间接影响到借款人的贷款数量时,就出现了货币政策传导的资产负债渠道,具体流程如下:

$$M\uparrow(\downarrow) \to r\downarrow(\uparrow) \to 借款人的金融地位\uparrow(\downarrow) \to 贷款\uparrow(\downarrow) \to 投资、产量\uparrow$$

即货币供给量(M)增加,利率(r)会降低,借款人借款成本就会降低,相较以前,可从银行获取更多的贷款,即意味着其金融社会地位再提高;贷款增加,意味着企业可获取的融资增加,从而投资会相应地增加,进而推动产量增加。

(2) 银行借贷渠道

由于在大多数国家,银行贷款是借款人的主要资金来源,如果货币供给量减少

导致银行贷款的供给减少,就会使许多依赖于银行贷款的借款人,特别是中小企业不得不花费大量时间和成本去寻找新的资金来源。具体流程如下:

$$M\uparrow(\downarrow)\rightarrow 贷款\uparrow(\downarrow)\rightarrow 投资\uparrow(\downarrow)\rightarrow 国民经济\uparrow(\downarrow)$$

该渠道发挥作用的前提是需借款人主动向银行申请贷款,但如果其通过资本市场或者其他渠道能够获取融资,那么银行借贷渠道的政策效果将大打折扣。这种货币政策的传导路径类似于一种被动传导机制,发挥作用的前提是商业银行向中央银行进行再贴现,所以,关键时候发挥作用的可靠性值得商榷。

3. 资产价格传导渠道

股票市场对货币政策的传导主要是通过资产结构调整效应和财富变动效应起作用的。其中最具影响力的两种传导渠道分别由托宾的 q 理论和莫迪利安尼的生命周期理论引申而来。托宾认为,货币政策通过对股票价格的影响进而影响投资支出,他把 q 定义为公司市值与其重置成本的比例,q 的高低决定了企业的投资愿望:如果 q 很大,则公司市值高于重置成本,企业可增加投资,带动国民经济发展;反之,如果 q 很小,公司市值小于重置成本,则投资萎缩,经济不景气。当中央银行实行扩张性货币政策时,货币供应量增加导致利率下降,证券价格上升,居民所持有的金融资产的总价值提升,也即居民的财富增加,从而引起消费增加,推动国民经济发展。

通过财富变动影响居民消费的另一条传导渠道为莫迪利安尼所大力推崇的生命周期理论,即居民消费行为受其一生全部可支配资源制约,这些资源由人力资本、真实资本与金融资本构成。股票是金融资本的一个重要组成部分,因而,一旦股价上升,居民所持有的股票价值就会增加,其消费需求乃至产出均将上升。

4. 汇率传导渠道

随着经济全球化和浮动汇率制的出现,人们越来越关注货币政策通过汇率影响净出口的这一传递效应。这一渠道是指当国内实际利率上升时,国内本币存款相对于外币存款变得更加有吸引力,即本币币值上升,也即本币汇率上升。国内较高的币值使得国内商品比外国商品更贵,这导致净出口乃至总产出的下降。

通过以上货币政策传导机制的几种渠道,可以看出每一种渠道都是通过相应的金融指标变动来体现的。其中,利率是个非常重要的变量,不管是哪种渠道,都是通过利率的变动引起相应的金融市场上个别指标变动而实现的。当然,每种传导渠道各自的侧重点并不同。

2.2.2.3 货币政策传导的基本环节

货币政策传导根据传导顺序分为3个基本环节:

第一个环节是由中央银行到商业银行等金融机构和金融市场。中央银行通过货币政策工具将货币政策意图传递给金融机构和金融市场,具体的操作工具就是三大央行货币政策工具:存款准备金率、再贴现率和公开市场操作。存款准备金率是中央银行要求各存款类金融机构将吸收存款的一定比例计提存入中央银行账户,提高或降低存款准备金率,可回收或释放大量的货币供给。再贴现率是指各商业银行将手中所持有的票据等向中央银行申请贴现,中央银行通过提高或降低再贴现率来向市场释放收紧或宽松的货币政策信号。公开市场操作是指中央银行可以通过在公开市场上认购央行票据或发行央行票据的方式来投放货币或收紧银根。

第二个环节是金融机构和金融市场通过信贷和利率的调整和变化影响到非金融类企业和居民等各类社会主体。居民和非金融企业等各类社会主体通过向银行申请贷款或在金融市场买卖金融工具的方式来重构自己的资产配置。

第三个环节是各社会主体通过所持有的货币量扩大或减少自己的消费从而影响到社会的总收入、总产出、就业和物价等。

2.2.3 信贷配给理论

信息不对称是指在市场交易中,交易的一方无法完全获取另一方的生产、经营信息,导致其做出的决策不是最优决策,进而导致市场交易效率损失、社会整体福利降低的这种现象。根据信息经济学理论,信息不对称分为事前的逆向选择和事后的道德风险两种情况:

逆向选择是交易前的信息不对称。阿克尔洛夫在分析二手车市场时认为,在二手车市场上有好车也有坏车,买主很难分辨出来,所以买主愿意支付的价格是二手车的平均价格,好车的卖主索要的价格高于市场的平均价,坏车的卖主很愿意以平均价出售,从而导致好车退出市场,只剩下坏车。金融市场上同样也存在这种事前的逆向选择,最终的结果也是质量好的借款人退出市场,市场上留下的是质量差的借款人。道德风险是交易后的信息不对称。在金融交易发生之后,借款人可能用贷款人的资金从事风险更高的业务,以使自身的利益最大化,比如企业用信贷资金从事高风险的投资。

信息不对称普遍存在于我国商业银行的信贷市场,为了降低可能的信贷风险,商业银行对借款人的资格审核就显得尤为重要。商业银行会根据各借款对象提供的信息开展是否向其放贷的甄别工作,中小企业因其企业规模有限、资本有限,尚未形成完善的管理体制,缺乏足够多优秀的财务人员,因此在提供关于企业经营信息时因有效材料不足往往会导致其借贷手续相对复杂或贷款利率相对较高。从商业银行的角度出发,国有企业或大型企业提供的借贷材料信息详实、借贷金额较大,一家国有或大型企业的贷款额度可抵十几家中小企业贷款额度之和,于是从心理上会偏向于国有企业或大型企业,中小企业自然容易受到冷遇。银行也不愿就此放弃中小企业贷款市场这块"巨型蛋糕",于是他们会根据借款申请企业的资质、金额、可接受利率水平等进行选择,从而把有限的信贷资源分配给一部分足够好的企业,即产生了信贷配给。

信贷配给是指在固定利率条件下,面对超额的资金需求,银行因无法或不愿提高利率,而采取其他一些与利率无关的贷款条件,使部分资金需求者退出银行借款市场,以消除超额需求而达到平衡。斯蒂格利茨和韦斯(Stiglits 和 Weiss,1981)在《美国经济评论》上发表的文章《不完全信息市场中的信贷配给》,全面系统地从信息结构角度对信贷配给现象进行了分析,对不完全信息下的逆向选择导致的信贷配给做了经典性的证明。本斯特和赫尔维(Bester 和 Hellwing,1987)在斯蒂格利茨和韦斯分析的基础上,对事后借款者的道德风险行为造成的信贷配给现象也作了补充。

在信贷市场上存在着信息不对称,这种不对称在信贷市场上表现为借款者拥有自己用贷风险程度和能否按期还贷的私人信息,借款者如果不对银行如实报告其贷款投资情况,银行在面对众多的不同按期还款借款者时,难以从包括借款者过去的违约情况、资产状况和贷款用途的资料中确定违约风险;而在贷款发生后,银行无法完全控制借款者的用贷和还贷行为,存在借款者可能采取风险行动,而银行面临违约风险的情况。因此,银行的预期利润率不仅取决于贷款利率,而且取决于贷款风险的大小。如果贷款风险独立于利率,在贷款需求大于贷款供给时,银行高利率可以增加利润,信贷配给不会出现。但是当银行无法观察到借款者的投资行为时,提高利率反而会使低风险者退出信贷市场(逆向选择行为);或者诱使借款者选择风险更高的项目进行投资(道德风险行为),从而使贷款的平均风险上升,预期收益降低。这里的深层原因是:那些愿意支付较高利息的正是预期还款可能性低的借款者,结果,贷款利率的升高并不能增加银行的预期收益,因而导致银行会在较高的利率水平上拒绝一部分贷款,从而不愿意选择在高利率水平上满足所有借款者的贷款申请。

2.2.4 企业发展理论

2.2.4.1 企业成长理论

彭罗斯的企业成长理论是一部继承了熊彼特传统,从经济学角度通过研究企业内部动态活动来分析企业行为的理论。彭罗斯认为,企业是一个管理组织,同时也是人力、物力资源的集合,企业内部的资源是企业成长的动力。彭罗斯通过构建企业资源—企业能力—企业成长的分析框架,揭示了企业成长的内在动力。她提出了一个深刻的问题:在企业的本性中,是否存在着什么内在的力量既促进企业的增长而又必然限制着企业增长的速度?这个问题本身就是对新古典经济的均衡论的颠覆。在新古典经济学的框架中,企业的增长不过是给定产品产量的增加,企业的最优规模是其产品的平均成本曲线上的最低点;对企业规模的限制是对企业生产给定产品数量的限制问题,其结果由用来代表企业的产品成本和收益曲线的相互关系决定;因此企业的增长和规模是由产品需求和供给的市场均衡力量决定的。如果承认企业自身有能力改变其产品的成本和收益结构(如收益递增),那么作为新古典经济理论基石的均衡论就被动摇了。

彭罗斯认为,工业企业的基本经济职能是"为了向国民经济提供产品和服务,依照在企业内部形成和执行的计划来利用生产性资源。"她进一步区分了企业内部经济活动和市场上的经济活动,二者的实质区别在于前者是在一个行政组织内部进行的而后者不是。因此,彭罗斯把企业定义为"被一个行政管理框架并限定边界的资源集合"。从这个定义出发,彭罗斯把讨论的重点放在企业的内部资源上。理解这个概念的关键之处是彭罗斯对生产性资源和生产性服务的区分。根据彭罗斯的论点,资源本身从来不可能是生产过程的"投入品",投入品只可能是资源所带来的服务。由资源所产生的服务是同样的资源被使用方式的函数,当被用于不同目的或不同方式,并与不同类型或数量的其他资源相组合时,会产生出不同的服务。彭罗斯对资源和服务的概念区分具有革命性的意义。服务只能产生于对资源的使用过程,所以每个企业在其经营活动中所产生的生产性服务就必然是独特的,即企业特定的或其他企业难以模仿的服务。如她自己所说,"现存的管理人员提供从企业之外新雇用来的人员所不能提供的服务,这不仅是因为他们构成了除了他们自己的行动所无法扩张的行政管理组织,而且也是因为他们从在企业内部一起工作中获得的经验,使他们能够对与之相连的特定群体的工作提供有独特价值的服务。"虽然彭罗斯没有在书中使用"能力"的概念,但她的服务概念主要是指企业管理活动的服务,所以"服务"与"能力"的概念有相通之处。事实上,彭罗斯的服务概念在某种程度上正是对目前被广泛使用的能力概念的早期表述。彭罗斯认为企业使用自己拥有的生产资源所产生的服务是企业成长的原动力,所以无论所有企业是否面临着同样的市场条件,其成长并非由市场的均衡力量所决定,而是由每个企业自身的独特力量(即由使用资源所产生的服务或能力)所推动的。

2.2.4.2 企业生命周期理论

企业生命周期是企业的发展与成长的动态轨迹,包括初创、成长、成熟、衰退几个阶段。企业生命周期理论的研究目的就在于试图为处于不同生命周期阶段的企业找到能够与其特点相适应、并能不断促其发展延续的特定组织结构形式,使得企业可以从内部管理方面找到一个相对较优的模式来保持企业的发展能力,在每个生命周期阶段内充分发挥特色优势,进而延长企业的生命周期,帮助企业实现可持续发展。

目前有两种主要的生命周期判断方法:一种是传统的、机械地看待市场发展的观点(产品生命周期/行业生命周期),其认为产品或行业的生命周期一般包括成长、成熟、衰退等几个时期,企业的命运一般与产品或行业的命运息息相关,企业生存与否与其是否盈利有关,而企业盈利与否与其产品销路有关,如果某一产品或行业不被市场认可,那该产品或行业就没有发展前景,企业就无法获利,久而久之必然倒闭。另外一种方法则更富有挑战性,其观察顾客需求是怎样随着时间演变而由不同的产品和技术来满足的(需求生命周期),这是比较前沿的一种企业生命周期理论分支,该理论主要阐述了企业发展要紧密结合时代发展,密切关注市场动向;企业生产产品归根结底是为了满足购买者的某种效用,如果某种产品能给购买者带来超过其他同类产品的效用,那么这种产品就具有更广泛的市场前景;相反,如果某种产品在市场上拥有越来越多的替代者,那该产品的前景就堪忧。如何才能把握市场动向、掌握消费者的需求,这就需要企业设立专业部门,及时调研、收集、反馈市场信息给企业,比如现在的化妆品行业、高端服饰行业的企业等,这类企业的淘汰率极高,如果不能积极、准确、及时地收集到最前沿的潮流信息,那么所生产出的产品很可能就找不到出路,那么这类生产企业的命运可想而知。

2.2.4.3 企业融资理论

企业融资是指以企业为主体融通资金,使企业及其内部各环节之间资金供求由不平衡到平衡的运动过程。当资金短缺时,以最小的代价筹措到适当期限、适当额度的资金;当资金盈余时,将其以最低的风险、适当的期限投放出去,以取得最大的收益,从而实现资金供求的平衡。

1. MM 理论

"MM 理论"及后来的"修正 MM 理论",是由莫迪格利安妮和米勒在《资本成本、公司财务与投资理论》中提出的,也称作资本结构无关论,它是在极其苛刻的假设条件基础上提出来的,但是在现实的经营运作过程中,这种假设有众多的阻碍因素不可能实现。因此,之后的经济学者对该理论进行了一定的修改,加入所得税这个变量。加入所得税之后的理论表明,当存在公司税的时候,企业的负债利息可以用来抵押,财务杠杆就降低了公司的加权平均资金成本。即公司负债程度越高,加权平均成本就越低,这样公司收益就越高。

2. 权衡理论

权衡理论是以"MM 理论"为基础,通过放宽"MM 理论"的部分假设来探究资本结构对企业价值的影响,认为企业的最优资本结构是在负债产生的税收收益和破产成本之间进行的权衡。如果企业存在债务,当管理层的投资决策对股权价值和债务价值造成不同影响时,就很容易爆发股东和债权人的利益冲突,并且如果企业徘徊在财务困境边缘时,股权和债权人的利益冲突就更可能发生。"权衡理论"有以下几个结论:

第一,资产风险相对较高的企业可以在其他条件都不变的情况下降低企业负债水平;

第二,存在大量非无形资产的企业,其负债水平可以相对提高,反之则可以相对降低;

第三,企业所得税相对较高的企业能够比所得税较低的企业有能力承担更高的负债水平。

3　金融窖藏在中国的表现、影响及测度

改革开放以后,我国经济经历了飞速发展的几十年,这种飞速发展不仅推动了实体产业的升级改造,也造就了虚拟经济体系的空前繁荣。以股票市场为例,随着1990年上海证券交易所和深圳证券交易所的相继成立,以人民币计算,截至2019年年末,股票市价总值已达592 935亿元,证券投资基金成交额达到91 679.38亿元,期货成交额为2 905 739.1亿元,交易所债券成交金额达到2 473 724亿元;保险业也发展迅速,截至2019年底,保险公司总资产达到205 644.9亿元,原保险保费收入累计达到42 645亿元。鉴于商品房价格与价值的偏离和该市场对货币资金大量且长期的占用以及可能给持有者带来的固定资产的大幅变化,房地产市场可被看作为典型的半虚拟市场,2019年全年商品房销售额累计值达到159 725亿元。

3.1　金融窖藏的形成及表现

根据Binswanger的金融窖藏理论,当投资于虚拟经济体系所获得的平均回报率高于投资于实体经济所获得的平均收益率时,大量资本就会从实体经济领域流入到虚拟经济体系,并暂时不会从虚拟经济体系中撤出重新投入到实体经济货币循环流。那么,金融窖藏是如何产生的,其具体表现有哪些?

金融窖藏应该是经济社会发展到一定阶段之后才产生的一种现象,其与现金窖藏完全不同。现金窖藏主要指各社会主体手中既未用于消费和投资未储蓄在金融机构,且当期所持有的余额多于前一期的那部分货币,它只停留在各社会主体手中,并未在虚拟经济货币循环流通体系内流动。

金融窖藏则是各社会主体将手中持有的多余货币借助于金融工具或其他媒介流转到虚拟经济体系,并暂时不会从虚拟经济体系撤出重新投入到实体经济生产循环过程中的现象。从以下5方面表现大致可以看出,金融窖藏是如何形成的,但

并不能完全涵盖金融窖藏形成的全部原因,例如大量资本进入收藏品市场、进入"炒篮球鞋"市场、进入"炒比特币"市场、进入"炒 Libra"市场等。还比如通过提出某个"概念",使得某些商品的价格远超过其价值形成的市场,比如经过资本运作之后的"飞天茅台"价格之高,令人咋舌;武夷山大红袍茶叶因其所含的矿物质微量元素丰富,且该茶性温和,大多数人均可饮用,《本草纲目拾遗》中记载:"诸茶皆寒,胃弱者食之多停饮,唯武夷茶性温不伤胃,凡茶癖停饮者宜之",故武夷山大红袍素有"茶中状元"之美誉等,文化属性加上资本的运作,让"大红袍"的价格居高不下。类似这种后期通过资本运作导致其价格远超其自身价值形成的市场,也属于金融窖藏的投资领域。分析金融窖藏的形成及表现,一方面有利于我们更好地认识和理解金融窖藏理论,另一方面对解释各种经济现象提供了一个新的思路,比如对"中国货币之谜"的解释,对"脱实向虚"的解释。

3.1.1 经济货币化程度

学术界一般使用某地区的广义货币(M2)与国内生产总值(GDP)的比值来衡量该地区金融发展水平和经济的货币化程度。笔者从中国人民银行网站和国家统计局网站查询到中国的 M1、M2 和 GDP 的数据,图 3-1 描述了 1991～2018 年中国经济货币化的变化趋势,可以看出该比值一直在不断提高,从 1991 年的 0.88 上升到了 2018 年的 2.03,经历了 1.00 和 2.00 的两级跳。该指标的上升说明中国的金融发展水平和经济货币化程度不断提高,当然该指标也不能过高,过高意味着单位GDP 需要更多的货币去支撑,可能存在货币超发。

从图 3-1 可以看出,M2/GDP 自 1991 年之后逐步提高,2003 年时该比值为1.61,此后轻微向下波动,在 2008 年时该比值降到 1.49,2003 年至 2007 年各年的GDP 增长指数(以上年为 100)分别为 110.04、110.11、111.39、112.72、114.23,经济增长率都保持在两位数,经济存在过热的可能。根据"逆风向调节"措施,此时宜采取适度从紧的货币政策,于是,2004 年 3 月 22 日,中国人民银行货币政策委员会在第一季度例会上指出,应适当控制货币信贷规模,优化信贷结构。2005 年 6 月29 日,中国人民银行货币政策委员会第二次例会上也提出应继续执行稳健的货币政策,适时、适度调控货币信贷总量,引导商业银行优化信贷结构。所以,虽然2003～2008 年经济总量一直在扩大,但 M2/GDP 值却在逐步下降。

20 世纪 90 年代开始,中国着力构建社会主义市场经济体系,稳步推进商品交易的货币化进程,国有企业股份制改造是建立社会主义市场经济制度的必由之路。

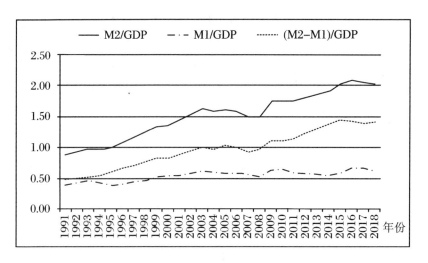

图 3-1 经济货币化程度随时间变化图

2003~2004年,我国国有企业股份制改造基本完成,这与 M2/GDP 的变化趋势相合。2007年始于美国的金融危机迅速席卷全球,各经济体也遭受了不同程度的重创,中国的出口贸易也面临着严峻的挑战。为应对国际金融危机对我国经济发展的影响,中国政府实施了一系列调节经济的措施,其中包括适度宽松的货币政策,以期刺激经济,保持经济又好又快发展。此后几年,M2/GDP 一直提高。2015年之后,面对着国际、国内的复杂形势,中国政府大力推行供给侧结构性改革,去杠杆稳步推进,着力实施松紧适度的稳健货币政策,一个典型的表现就是银行信贷收紧,市场上的货币供给减少,表现为 M2/GDP 轻微波动略有下降。

M2 一般是在 M1 的基础上加上了城乡居民储蓄存款、企业存款中具有定期性质的存款、信托类存款和其他存款,而 M1 主要指流通中的现金、企业活期存款、机关团体部队存款和农村存款。M1 的最大特点就是流动性极强,可随时用于交易。根据马克思的货币理论,货币一方面用于现实经济中的商品交易,一方面用于价值储藏。承担现实经济交易中流通职能的货币主要是那些流动性很强的货币即 M1,而 M2 中的其他部分货币实际上执行的是一种价值储藏和金融资产的职能,是能给持有者带来一定收益的准货币,这部分我们用 M2-M1 表示。如图 3-1 所示,M2/GDP 和(M2-M1)/GDP 的变化趋势很类似,而 M1/GDP 的变化趋势比较平稳,波动不大。由此可以看出,新增的广义货币基本上执行的是货币的价值储藏和金融资产职能,也即以资产性货币的形态存在。随着各种金融工具的创新和金融市场的不断完善,资产性货币会源源不断地流入虚拟经济体系,并很可能长期停留在金融体系内部不断循环,形成金融窖藏。这样增加的货币供给量未流向实体经济领域会导致中央银行为刺激实体经济发展而实施的宽松型货币政策因此失效。

3.1.2 货币结构

罗纳德·麦金农曾指出,20世纪80年代以来中国货币增发态势明显,但社会物价总水平却没有显著增加,根据西方经济学中货币数量论的观点,在货币流通速度保持稳定和社会总产出基本平衡的情况下,货币供给增速应该和社会总物价水平保持同步,这一矛盾之处被学界称之为"中国货币之谜"。

如果按照马克思的货币观点,将现今社会的货币根据职能分为交易型货币和资产型货币,那么我们可以简单地认为M1为交易型货币,M2中M2－M1部分为资产型货币。从图3-2可以看出,M1/M2和(M2－M1)/M2自1991年来,逐渐呈"剪刀形"变化,也即意味着,在广义货币M2中资产型货币占比越来越大,交易型货币占比越来越低,但这不是说交易型货币总量在下降,一般随着经济总量的扩张,用于日常交易的M1会增加,但图3-2中M1/M2呈下降趋势,这主要是因为M2的增速比M1的增速更快。图3-2所使用的M1、M2数据来源于中国人民银行网站,其他数据是据此计算所得。

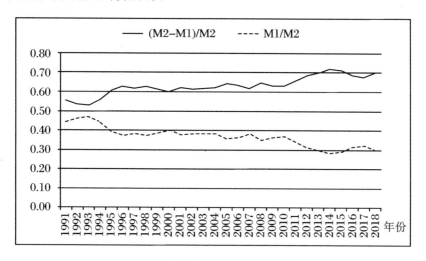

图3-2 货币结构随时间变化图

改革开放以来,我国经济社会发生了翻天覆地的进步,但经济制度还不完善、金融法规还不健全、金融市场起步较晚也是不争的事实,于是居民、企业更愿意将手中持有的多余货币进行储蓄。至于为什么不愿意直接进入资本市场,这与我国居民长期的生活习惯有关。在老百姓的眼中,与投资的收益性相比,更看重的是安全性,所以可以看到,国有几大行给出的存款利率并不高,但历年的储蓄额却节节升高。这就是(M2－M1)/M2的值越来越高的原因。

金融机构归根结底是以盈利为目的的,存贷利差是其获利的主要来源。当金融体系的投资回报率高于实体经济投资回报率时,这些资金就会通过金融机构这个媒介流入虚拟经济体系,形成金融窖藏。

3.1.3 信贷流向

货币政策是政府调节经济的重要手段之一,充当金融媒介的商业银行和其他非银行金融机构在货币政策传导过程中起到不可替代的作用。中国人民银行作为我国的中央银行,其不对大众直接开展存贷业务,货币政策的执行只有通过商业银行的信贷配合才可以更好地贯彻下去。

企业融资有内源性融资和外源性融资两条路径。内源性融资主要通过企业的留存收益和折旧资金获取;外源性融资则既可以通过发行股票、债券等直接融资方式,也可以通过向金融机构申请贷款等间接融资方式。但因为我国证券交易所等直接融资场所成立时间较晚,因此企业在融资时更偏向于采取间接融资策略。如图3-3所示(数据来源于中经网统计数据库),2003~2017年,我国金融机构各项贷款总额总体上明显高于股票市价总值,尤其是受2007年始于美国的金融危机的影响,直接融资额的增长速度明显慢于间接融资额的增长速度。由图3-3还可以看

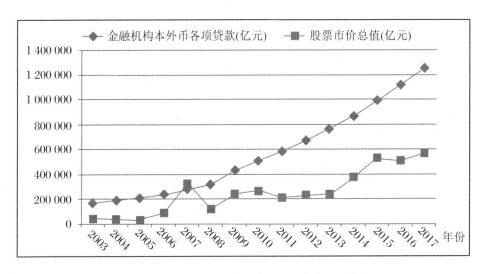

图3-3　2003~2017年国内信贷和股票市值总和变化图

出,截至 2017 年末,金融机构本外币各项贷款余额达到 1 256 074 亿元,那么,金融机构释放这么大规模的信贷量是流向哪里?从图 3-4(数据来源于中经网统计数据库)可以看出,1995~2017 年,制造业新增固定资产投资资金来源于国内贷款的始终低于 10%,也就是说,大量的信贷资金并未流入实体产业。固定资产投资资金来源于国内贷款的比例也是连年走低,这也说明大量的信贷资金并未用于实体经济发展。金融机构归根结底要以盈利为目的,当虚拟经济体系提供的收益率高于实体经济体系时,大量信贷资金自然就会流入虚拟经济体系,如果这些资金停留在虚拟经济体系并未回流至实体经济货币循环就形成了金融窖藏。

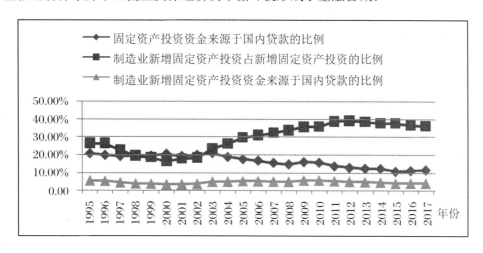

图 3-4 1995~2017 年国内贷款占年固定资产投资的比例变化图

3.1.4 证券市场发展

20 世纪 90 年代以来,我国证券市场快速发展,随着上海证券交易所和深圳证券交易所于 1990 年和 1991 年相继成立,我国的股票流通市值迅速扩大,截至 2017 年年末已达到 449 298.15 亿元。股票市场的迅速发展离不开货币供给的支撑,图 3-5 给出了 1995~2017 年股票流通市值占广义货币比例的变化趋势图(数据来源于中经网统计数据库)。2004 年 10 月 29 日,中国人民银行宣布上调金融机构存贷款基准利率,放开金融机构(城乡信用社除外)人民币贷款利率上限并允许人民币存款利率下浮。金融机构一年期存款基准利率上调 0.27%,由现行的 1.98% 提高到 2.25%;一年期贷款基准利率上调 0.27%,由现行的 5.31% 提高到 5.58%。其他各档次存、贷款利率也相应调整,中长期存贷款利率上调幅度大于短期。根据西方经济理论,股票价格一般与利率呈反方向变化,利率的上调促使股票价格下调,股票流通市值大减,从图 3-5 可以看出,2005 年的股票流通市值与广义货币量的比值只有 0.036,是自 1996 年以来最低,此后这一比值虽有波动,但总体呈上升态势。这一态势充分说明了股票流通市值的增长率快于广义货币量(M2)的变化率,说明股市吸收大量货币的速度超过了广义货币量自身的增长速度,这是虚拟资产增多的一个体现。

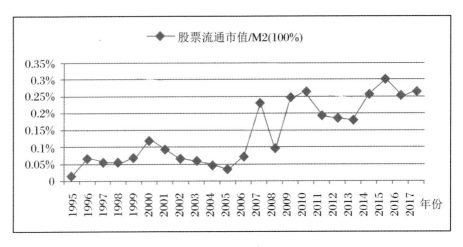

图 3-5　1995～2017 年股票流通市值与 M2 的比值变化趋势图

与此同时,证券投资基金市场、期货市场和债券市场也发展迅速,期货交易属于金融衍生品交易,是在金融基础工具的基础上提高杠杆率形成的新型金融交易方式。高杠杆率伴随着高风险率,所以如图 3-6 所示(数据来源于中经网统计数据

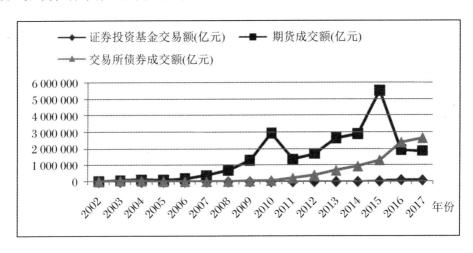

图 3-6　2002～2017 年其他金融工具市场发展变化图

库),期货成交额的波动幅度很大,2010年最高时期货成交额达到2 959 480.02亿元,而2017年年末为1 878 925.88亿元。2002~2017年,交易所债券成交额稳步增加,2017年年末达到2 657 768亿元;2017年年末证券投资基金额也达到98 051.89亿元,加上2017年年末股票流通市值为449 298.15亿元,2017年年末这4项金融资产总规模就达到了5 084 043.92亿元,而2017年国内生产总值仅为827 121.7亿元,所以我国金融市场窖藏了大量的货币资金,这是金融窖藏的一个重要表现。

3.1.5 房地产市场发展

我国自1998年实行住房货币化改革以来,房地产市场经历了辉煌的二十年。如图3-7所示(数据来源于中经网统计数据库),房地产市场计划总投资、商品房销售额和商品房销售价格都稳步提高,2017年房地产计划总投资额达到656 617.381 3亿元,商品房总销售额达到133 701亿元,商品房平均销售价格达到7 892元/m²。与2004年相比,房地产计划总投资额增加了11.984 2倍,商品房总销售额增加了11.886 0倍,商品房平均销售价格增加了1.840 9倍。房地产市场的繁荣和暴利吸引了大量资本的流入,必然造成其他实体产业投资资本的供应不足。投资者的"羊群效应"和资本的逐利性会推动房地产市场上的资本供应充足,大量的资本会推动

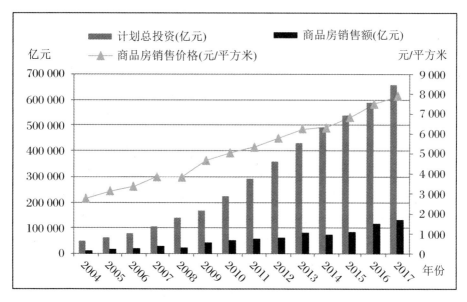

图3-7 2004~2017年房地产市场发展变化图

房地产价格进一步上涨,从而吸引更多资本流入。那些原本收益率低的行业,资本供应就会更加稀缺,这种"马太效应"在房地产行业和其他实体产业之间的表现就会愈加明显。图3-8(数据来源于中经网统计数据库)给出了房地产开发投资资金来源于国内贷款的比例变化图,从图中可以看出,虽然这一比例持续下降,但因为房地产开发投资资金总额增长迅速,所以到2017年,房地产开发投资资金来源于国内贷款的额度已高达25 241.76亿元。加之房地产开发企业从股市、债市上融资的大量资本,可以看出,房地产行业占用了我国大量的金融资源。这种占用是市场经济资源配置的结果,但也导致了其他实体产业发展资本供应不足。因此,从房地产市场发展来看,房地产市场对大量金融资源的占据也是金融窖藏的一种重要体现。

图3-8 房地产开发投资资金国内贷款占比的变化图

通过房地产市场的金融窖藏属性还可以发现,房地产市场对资本的大量占用虽导致了其他实体产业的供血不足,但也从某种程度上抑制了市场上货币供给过多引发的物价飞涨。为应对2008年的国际金融危机对我国经济的冲击,央行出台了"四万亿"的经济刺激计划,市场也及时作出了回应,2008年2月至4月的同比涨幅分别为8.7%、8.3%和8.5%。所以说,房地产市场对资本的大量吸附和存储在某种程度上起到了平抑市场价格的作用。

房地产市场既有虚拟经济的一面,也存在实体经济的属性。房地产市场出现对金融资源的大量占用及部分地区脱离居民平均收入水平的超高房价,甚至涌入大量"热钱"通过对房地产市场的投机，获取短期的高额收益，这是虚拟经济的一面。还有一部分对商品房的刚性需求者，他们很可能终其一生只拥有一套商品房，也很可能通过平衡整个生命周期的收入去供房，而在其临终时要么变卖房产、要么将其房产遗传给子孙，在这种长期持有中，商品房作为一种商品是不断折旧的，但其价值却很可能不降反升，这很类似于一笔长期的储蓄，从这个角度也可以认为其具备了金融窖藏的属性。另一方面，商品房、工业用房、商业楼盘都是实实在在看得见、摸得着的东西，土地作为一种生产要素，具有交易的基础，但社会主义所有制的性质决定了开发商购买70年产权的土地，仅仅购买的是土地的使用权，建造房屋需要的砖头、水泥、钢筋、砂石等都需要花钱购买，加上建筑工人、设计人员付出的辛勤劳动力，加在一起凝结成房屋的价值，所以具有现实产品的属性。所以一旦当价格偏离其价值变得很高时，房地产就具有了虚拟经济的属性。

以上5个方面揭示了金融窖藏在中国的形成原因及具体表现，但金融窖藏的形成原因及具体表现绝不仅仅只是这5个方面，例如文物、字画、古董等收藏品市场上占用的大量资本、稀有贵金属的投机及市场上出现的"炒比特币""炒农产品""炒篮球鞋"等现象，也是金融窖藏在中国形成的原因及表现。

3.2　金融窖藏对经济的影响

市场上的总资金量是有限的，虚拟经济体系窖藏的资金过多，实体经济领域资本的供应就会捉襟见肘。即使央行增加了货币供应，也会有更大比例的货币因为较高的收益率而流入虚拟经济领域，流入虚拟经济领域的资本如果停留在该领域并暂时不会从该领域撤出，就形成了金融窖藏。大量资本流入虚拟经济体系，会增加金融窖藏领域的资本供给，一旦在某一投资领域发生资本的供过于求，就会造成该领域的资本收益率下滑等问题，而一旦资本循环在这一环节出现断裂，就会影响整个循环的资本流动，甚至会加剧整个虚拟经济体系的系统性风险。同时，大量资本借助金融媒介直接流入虚拟经济体系而未流入实体经济领域，那么，央行通过增加或减少货币供应的方式贯彻政府的政策意图的目的就很难达到，从而导致货币政策失效或者无效，而一旦货币政策失效或者无效，对国民经济的恢复或者推动的最终目标就很难实现。当然，大量资本流入虚拟经济体系还会带来另一种结果。

如果金融窖藏的某一投资领域本身就缺乏资金,随着大量资本的流入,推动了该领域的资产价格上涨,给该领域的资产持有者带来了高回报,进一步吸引更多的资本涌入金融窖藏其他资本供给不足的领域。

金融窖藏并不是人为造成的,它是经济社会发展到一定阶段的产物,尤其自有了20世纪50年代以麦金农、爱德华·肖和戈德史密斯等为代表的倡导金融发展有利于经济增长的理论支撑之后,"金融化"已成为全球各主要国家发展经济不可逆的大趋势。这种大趋势可以从宏观、中观和微观三个层面来看。

从宏观视角看,金融业发展对各大国经济发展的贡献正日益提高,尤以美国为代表,根据美国商务部的统计数据显示,2019年美国的经济总量为21.4万亿美元,这其中第三产业占比达到80%以上,而第三产业中,金融业发挥着非常重要的角色。二战后,美国主导的布雷顿森林体系建立了以美元为核心的全球货币体系,美元与黄金挂钩,其他国家货币与美元挂钩,1盎司黄金兑换35美元,至此美元成为全世界最主要的流通货币。然而,真正奠定美元世界霸主地位的事件发生在20世纪70年代,美元与黄金脱钩,转而与石油绑定,由于各国发展经济都离不开石油,"美元—石油"体系(也即牙买加体系)建立以后,美元作为全球货币的地位再次得到加强和提升,以美元为主导的金融帝国更加固若金汤。

从中观视角看,"金融化"主要体现在大宗商品的证券化和普通商品的金融化两个方面。大宗商品证券化这在现实中很普遍,比如大宗商品的期货、期权交易,我国的大连商品交易所、郑州商品交易所和上海期货交易所主要进行的就是大宗商品的日常交易。大连商品交易所成立于1993年2月28日,上市交易的有玉米、黄大豆1号、黄大豆2号、豆粕、豆油、棕榈油、鸡蛋、线型低密度聚乙烯、聚氯乙烯、焦炭和焦煤共计11个期货品种;郑州商品交易所成立于1990年10月12日,交易的品种有强筋小麦、普通小麦、PTA、一号棉花、白糖、菜籽油、早籼稻、玻璃、菜籽、菜粕、甲醇等期货品种;上海期货交易所成立于1990年11月26日,上市交易的有铜、铝、天然橡胶、燃料油、黄金、白银、锌、铅、螺纹钢、线材。还有现在流行的对各种资产打包进行证券化处理,比如美国的住房次级抵押贷款等。普通商品的金融化是当前经济中的一个特殊现象,比如前几年的"蒜你狠""姜你军""豆你玩"等普通的农副产品,因为背后的炒作和资本加持,而价格飞涨。还比如现在的白酒行业,可能因为某个概念的提出,一瓶白酒就高达上万元。

从微观视角看,"金融化"体现得更淋漓尽致,比如现在很多非金融企业出现金融化趋势。具体表现为这些非金融企业的利润来源很大一部分依赖于金融投资回报,因为实体经济经营的不景气及风险较高,所获利润极其有限,所以企业会将手中的资本用于金融投资以获取更高利润;还比如,很多的非金融企业进行资产结构调整和转型,拿出一部分资本投入房地产市场、金融市场、收藏品市场、其他市场,规避风险并追求短期的高回报。

可以说,金融窖藏是金融化的一个表现,也是金融化的结果。概括来看,金融窖藏对经济的影响主要体现在以下三方面:

3.2.1 扭曲资产价格

Binswanger 认为,当资本在虚拟经济体系中的收益率超过实体经济投资回报率时,大量资本就会从实体经济中撤出并流入虚拟经济体系,且暂时不会重新投入到实体经济货币循环流中,这一现象就称为"金融窖藏"。那么,虚拟经济体系的收益率为什么会高于实体经济投资回报率呢?

3.2.1.1 金融创新速度较快

金融市场借助于互联网+、大数据平台等,可以开发出许多新型的金融工具。创新型金融工具一般具有风险规避和收益最大化的特点,这对资本具有极大的吸引力。与此同时,我国的金融从业者人数越来越多,如图 3-9 所示,2017 年金融业从业人数已达 688.81 万人(数据来源于中经网统计数据库)。金融专业技术人才的增加,必将加快金融创新,创造出更多符合投资者需求的金融产品。

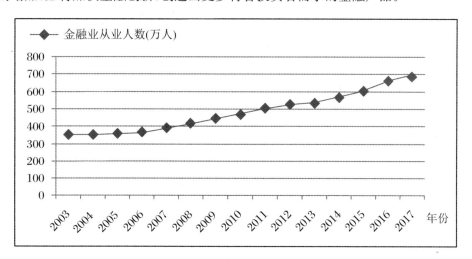

图 3-9 金融业历年从业人数

3.2.1.2 虚拟经济体系内的资本流通速度要快于实体经济

金融市场的资本循环不像实体经济那样存在采购、生产、销售和分配的周期,随着电子互联网及新型支付系统飞速发展,只需要短短数秒即可完成跨区域、大额的交易,这对于短期投资者、市场投机者、国际热钱等都具有天然的吸引力。除金融市场以外,房地产市场上的资金流动比较复杂,前期的土地转让,开发商需要支付一大笔资本给政府;为了后续的经营运转,开发商需要向银行申请贷款,以便支付建材、人工成本等。这些前期的支付只有待商品房取得预售许可权后,通过销售期房和成品房才逐渐取得资金回流。这些回流资金的一部分要用于企业的日常运营,另一部分则用于偿还前期银行贷款的成本和利息。如果在市场前景较好即房价蒸蒸日上的时期,这种资本循环模式不至于出现大问题;但若政策收紧、市场前景暗淡,房地产企业的这种资本循环模式就很有可能在中间环节出现问题,比如银行断贷、建材价格暴涨或者房屋销售未达预期等,从而引发大幅亏损甚至破产。各地出现的烂尾楼多数是开发商入不敷出之后的跑路导致的。不过这并不能说明房地产市场上的资本流通速度就要慢于其他实体产业,因为房地产市场占据的资本量是远远多于其他实体产业的,即单位资本的周转时间是相对较少的。

金融窖藏领域的资本运作主要活跃于虚拟经济体系,而虚拟经济体系的重要特点就是借助于一定的金融工具、收藏品、实物及烘托出的某种"概念"等完成资本的投入和回流,在一投一回之间获取投资收益。虚拟经济投资工具的使用不像投资于实体经济中的某类产品,需要经过采购、生产、销售和分配等环节,因此缩短了资本运作的时间,提高了资本流通速度。

3.2.1.3 资产价格提高推升了虚拟经济体系的平均收益率

流入虚拟经济体系的货币资金越多,投资工具的需求就越大,而这些虚拟资产持有者的资产价值就越高。资本的逐利性会吸引越来越多的资本流入。比如楼市的高涨引发大量资本进入楼市,很多企业甚至会压缩自身原本的主营业务,拿出大量资本投资房地产。房地产行业属于典型的半虚拟经济,钢筋、水泥、红砖、砂石等属于实体经济的范畴,但红砖绿瓦和水泥堆砌而成的一栋栋高楼,价格之高令多数买房者只能望楼兴叹,价格严重偏离其真实价值。这才有了政府三令五申地强调"房住不炒",出台各种调控房地产市场的政策措施。

国际游资、热钱一般追求的是短期高收益,其操作方式大致是通过短期资本的大量涌入,推高资产价格,之后再逢高卖出以赚取差价的行为。而资产价格的提高往往会吸引场外投资者的目光,从而把更多的资金投入进去。

大量资本流入虚拟经济体系的结果是那些实体产业举步维艰、实体行业收益率越来越低,大量资本从实体产业撤出流入虚拟经济体系,金融窖藏加剧。实体产业资本减少会导致实体产业收缩生产规模,会减少商品供应,推动商品价格上涨。虚拟资产价格上涨带动的一批富有者可能会增加消费,加剧大宗商品的供不应求,推动价格体系的进一步上涨。

金融窖藏扭曲资产价格主要表现在虚拟经济体系内的资产价格脱离其内在价值。比如股票的真实价值由发行企业的经营状况所决定,而市场上的股票价格却往往由于供需、投机等因素导致偏离其真实价值;房屋的价格应该是由土地成本、建材成本及人力成本等凝结在一起的价值决定的,而现实中的房价多数还要受地段、概念宣传、品牌效应等左右;2017 年 9 月,Nike 旗下 Air Jordan 和国际潮牌 OFF-WHITE 合作,设计了一款名为 OFF-WHITE·Air Jordan 1 的球鞋。这款鞋每双人民币售价 1 499 元,在官方发售后没过多久就被炒到 12 000 元。而白黑红配色的 AJ1,短短两年价格一路飙涨到 70 000 元,涨幅超过 4 500%,远超其本身价值,而这样的"概念款"篮球鞋早已失去了其自身的穿着属性。金融窖藏在给虚拟经济市场上的参与者带来丰厚利润的同时,会吸引更多的资本涌入,这将进一步推高虚拟经济体系的资产价格。周而复始,金融窖藏累积的资本越来越多,实体经济资本越来越少。金融资产价格的上涨会给虚拟经济市场投资者和参与者带来高回报,这种高回报会影响到其他行业,比如金融业者的高工资会引起其他行业的攀比,增加了其他行业的劳动力成本;虚拟经济市场的投资者在获取丰厚回报之后,消费水平会提升,从而推动对大宗商品的需求,提高其价格。价格提高导致企业效益变好,工人工资水平提高,进而推动整体的工资水平逐渐提高,结果是效益不好的企业无力承受高涨的劳动力成本,宣布倒闭,而经营效益好的企业继续良性运转。

总体来看,金融窖藏的结果是抬高了价格,这种高价格之殇已逐渐成为经济发展的一大障碍。比如在中部某省份的农村,有大量土地荒芜,其中一个原因是农耕的人力成本太高,比如插秧季一个劳动力一天的工资要 300 元,一亩(666.7 m²)地从购买种子、施肥、插秧、灌溉到收割,总的成本要 1 000 多元,而一亩水稻的收益不过 2 000 元左右,按一个五口之家差不多十亩地来算,辛辛苦苦大半年的收入还不到 1 万块。随着社会整体物价的节节攀升,这些收入很难在农村过上相对体面的生活,于是青壮劳动力纷纷外出务工,这造成了现如今农村基本成了"老人和儿童"的留守场所,大量农田每年种半年、荒半年的场景。即使在农业机械化逐渐普及的今天,愿意扎根农村建设农村的青壮劳动力依然寥寥无几。劳动力成本的提升一方面会提高企业经营成本,使企业经营难上加难;另一方面还会收窄大量劳动力的就业渠道,比如企业为削减成本支出,会引进先进机器设备及智能设备逐步替代低端技能型劳动力,导致一部分技能、文化水平不高的人惨遭淘汰。

当然,金融窖藏扭曲资产价格不仅仅导致了高昂的劳动力成本,还使得虚拟经济体系内的资产价格远高于其内在价值,导致优化资源配置的功效逐渐丧失,虚拟经济体系的系统性风险水平逐渐升高。

价格体系的扭曲像分选器一样,使一部分企业的经营难上加难,濒临破产;而另一部分企业却可以搭着扭曲价格体系的便车,发展越来越好,这两类企业基本概括了如今实体经济和虚拟经济的状况,所以才出现了现在的"产业空心化"、经济"脱实向虚"等突出问题。这些突出问题如果不加以重视和解决,极有可能使我国也陷入西方个别国家曾陷入的"中等收入陷阱"而难以自拔,各种社会问题也会接踵而至。到那时,经济增量空间越来越小,经济存量的再分配必然造成既得利益阶层的不满和反对,严重时甚至会引发阶级对抗或社会动乱。

3.2.2 加剧金融风险

投资者持有的金融资产一般是以投资组合的形式存在的,资产组合通过风险转移的方式来规避风险以期获取最大化收益。但单个的金融投资资产蕴含的风险是无法规避的,所以不断扩张的虚拟经济体系必然会提高系统性金融风险,当风险集聚到一定程度,往往意味着泡沫的破裂。

金融窖藏通过从实体经济货币循环中撤出资金投入到独立运行的虚拟经济货币循环,一方面推动了虚拟经济体系的繁荣,另一方面减少了实体经济的货币供应,可能造成实体经济发展衰落、虚拟经济繁荣的景象。虚拟经济繁荣增加了对货币资金的需求,实体经济的货币供血不足也增加了对资本的需求,加之物价水平不断攀升,导致中央银行不得不连年增加货币供应。据统计,1999 年我国的货币和准货币供应量是 119 897.9 亿元,到 2018 年,这一数值增加到 1 826 744.22 亿元,增加到了 15.235 8 倍,同时期国内生产总值增加为 9.941 1 倍,也就是说增发的货币除了满足国民经济生产之外,其余部分也都被市场所吸纳,其中很大一部分的去处很可能是流入虚拟经济体系。虚拟经济体系虽起到了平抑物价的作用,但其自身存在的最大社会目的是为了解决实体经济供血不足的问题,更好地发展实体产业,然而现实却是本末倒置。虚拟经济过度膨胀,实体产业资本供血不足反而更加严重,虚拟经济和实体经济的发展没有相辅相成,反倒形成了水火不容、势不两立的不协调局面,这其中蕴藏的金融风险不言自明。在经济全球化的今天,金融风险一旦加剧发展成金融危机,会给全球各经济体带来无法挽回的、不可估量的损失。

众所皆知,金融发展是为实体经济发展服务的,实体经济发展是基础、金融发展是上层建筑,在国内外复杂多变的形势面前根基不稳就会地动山摇。因此,适度的金融窖藏有助于经济发展,但金融窖藏一旦过度,极易加剧金融风险,而金融风险的提高会给国民经济发展带来不可预料的隐患。

3.2.3 影响经济政策的传导效果

制定经济政策的目的是通过"看得见的手"来干预市场的供需变化从而影响拉动经济的三驾马车(消费、投资和出口)。金融窖藏的典型特征是大量资本从实体经济货币循环流中撤出并暂时停留在独立的虚拟经济体系货币循环流中,此时为了调控实体经济而制定的经济政策会因为传导工具和传导路径不畅而影响效果。比如央行货币政策传导的路径是"央行→金融机构或金融市场→非金融企业和个体",如果货币供给流入金融机构或金融市场形成金融窖藏之后,很少或者几乎没有流入到非金融企业和个体手中,那么货币政策的效果就将大打折扣。因为金融机构和金融市场是实施货币政策的必经路径。由前文分析可知,我国虚拟经济发展比较繁荣,导致大量资本经金融机构和金融市场流入虚拟经济体系,并暂时停留在这一经济体系中,这给我国的实体经济发展埋下了隐患。一旦实体经济发展不景气,需要"看得见的手"进行调节时,货币政策传导不畅导致的货币政策调节的低效率会给未来经济社会发展蒙上一层阴影,形成恶性循环,经济状况会越来越差。

财政政策三大工具为税收、财政支出和国债。积极的财政政策包括降低税率、增加财政支出或偿还国债,这三大手段都会增加市场上的货币供给,增发货币或唤醒潜在货币,但如果虚拟经济体系能给货币持有者带来高于实体经济的收益,大量货币就会流入金融窖藏领域,财政政策对实体经济的刺激效果将会大打折扣。具体来看"降低税率→提高居民、企业的可支配收入水平→增加消费→推动经济增长"这一路径,如果虚拟经济体系的平均回报率高于实体经济平均收益率,那么货币持有者增加收入的一部分投资可能会转向流入到虚拟经济体系,以期获取高回报,这样通过降税的方式刺激经济增长的效果就会减弱;同样,"提高财政支出→政府购买或投资增加→引起经济增长"的路径也会受影响,比如增加的投资有可能流入到虚拟经济体系,而未投资到实体经济领域,那么这种政策的效果也会减弱。偿还国债的情况与上面类似,增加的货币供给未必能流入到实体经济货币循环中,实施政策想达到的效果也就未必能实现。政府发行国债的意义主要体现在3个方面:第一,通过发行国债,使民间部门的投资和消费变少,从而起到调节投资和消费的作用;第二,通过发行国债,可以激活原本的"潜在货币",激发市场活力;第三,通过调节国债利率水平及改变资本市场的供求状况来影响市场利率水平,从而对经济起到扩张或紧缩的影响。

货币供给是货币政策实施过程中重要的中介传导指标。因此,金融窖藏同样会通过影响市场上的货币供给量来降低货币政策的传导效果。

3.3 中国金融窖藏的规模测度

根据 Binswanger 的金融窖藏理论,新增金融窖藏额的表达式如下:

$$FH_t = (S_t - I_t - GD_t + \Delta M_t) + (X_t - IM_t + NF_t) \quad (3.1)$$

其中,FH_t 为 t 时期的新增金融窖藏额。由式(3.1)可以看出,新增金融窖藏主要由两部分构成:$(S_t - I_t - GD_t + \Delta M_t)$ 是来源于国内的居民、企业、金融机构和政府的储蓄与投资的差额以及 t 时期的新增货币额,$(X_t - IM_t + NF_t)$ 来源于对外部门的净出口和净资本流入额。

根据式(3.1)简单测算中国每年新增金融窖藏规模,选择城乡居民人民币储蓄存款年底余额作为 S_t 的替代指标;选择全社会固定资产投资总额为 I_t 的替代指标;GD_t 为财政盈余(赤字),即财政收入与财政支出的差额,这里选择中央财政收入和地方财政收入之和作为财政收入的替代指标,选择国家财政支出、中央财政支出和地方财政支出之和作为财政支出的替代指标;选择当期的广义货币(M2)与上期的广义货币(M2)之差作为当期新增货币供给量 ΔM_t 的替代变量;式(3.1)的后一部分主要衡量净出口差额和净资本流入额,因为外币在我国不可直接流通,须首先兑换成人民币,所以这里选择当期的外汇储备额与前一期的外汇储备额之差作为后一部分的替代指标。因为数据的有限性,本书只简单估计了 2007~2017 年的新增金融窖藏额,如表3-1所示,至 2017 年年底,新增金融窖藏额达到了 287 125.8 亿元。

表 3-1　历年新增金融窖藏额估计结果

年份	金融窖藏额(亿元)	年份	金融窖藏额(亿元)
2007	176 438.8	2013	316 466.6
2008	209 651.6	2014	259 624.4
2009	286 265.1	2015	274 131
2010	294 232.8	2016	270 841.6
2011	294 071.2	2017	287 125.8
2012	290 300.7		

注：作者计算所得。

表 3-2　历年新增广义货币(M2)的值

年份	金融窖藏额(亿元)	年份	金融窖藏额(亿元)
2007	57 864.31	2013	132 376.18
2008	71 724.39	2014	121 849.83
2009	135 057.9	2015	163 903.3
2010	115 627.3	2016	157 788.56
2011	125 739.1	2017	140 168.64
2012	122 557.9		

注：作者计算所得。

当期广义货币(M2)与前一期广义货币(M2)之差即为当期新增广义货币(M2)，表3-2给出了2007~2017年新增广义货币(M2)的值。比较表3-2历年新增广义货币(M2)的值与历年新增金融窖藏额的值，历年新增金融窖藏额的值远远大于历年新增广义货币(M2)的值，这说明每年新增金融窖藏额的来源除了每年新增广义货币(M2)，还有其他实体产业中的货币资金流入到各金融窖藏领域，这也是当前市场上出现资本的"脱实向虚""中小企业融资难""中国货币之谜"等现象的根本原因。

构建关于经济增长率与新增金融窖藏额之间的双变量回归模型，为了剔除历年新增金融窖藏额的指数化变化趋势，对其进行取对数设置。其基本表达式如下：

$$gdpr = \alpha + \beta \ln fh + \mu \qquad (3.2)$$

其中，$gdpr$ 指经济增长率，$\ln fh$ 指年新增金融窖藏额的对数值，回归结果如表3-3所示。

表 3-3　双变量回归模型估计结果

变量	系数	标准误	t 值	p 值
C	1.175 4	0.392 7	2.992 5	0.015 1
ln fh	−0.087 0	0.031 4	−2.767 5	0.021 8
拟合优度	0.459 7		F 值	7.659 3

注：作者经 Eviews 计算所得。

从表 3-3 的回归结果可以看出，在 5% 的显著性水平下，新增金融窖藏额与经济增长率呈负向相关关系。不管是从 t 值还是 F 值来看，结果都比较显著，说明实证模型回归结果验证了前文的理论分析，即金融窖藏额增加不利于经济增长。但从拟合优度值来看，该估计结果对经济增长率的解释能力一般，主要是因为影响经济增长的因素很多，而该模型只考虑到金融窖藏一个因素。

3.4　中国金融窖藏与中国货币之谜

1993 年美国经济学家麦金农曾指出中国货币供给增长率长期高于经济增长率与通货膨胀率之和，货币供给总量长期大于经济总量，但却未引起价格水平同等幅度的长期上涨，他把这种现象称之为"中国货币之谜"。那么，中国货币供给状况到底是怎样的？是否存在货币超发？大量供给的货币去向是哪里？

3.4.1　中国存在货币超发吗

要回答这一问题，首先要明白衡量货币超发的标准是什么。美国经济学家弗里德曼曾提出了一个简单的货币规则，应保持货币供给增长率和经济增长率一致。他认为只有这样，才可以确保货币不会超发。一般情况下，衡量一国经济总量的指标采用国内生产总值，它是指一国或一地区在一定时期内所生产的全部最终商品和劳务的市场价值之和。而在一定时期内，除了所生产的全部最终商品和劳务之外，还有中间产品、过去生产的产品及各种金融产品的交易也需要使用货币去交易，如果按照弗里德曼的简单规则去供给货币，可能造成货币供给不足。另外，国内生产总值是一个流量，只有在一段时期之后，才可以统计出这段时期的经济增长率，而货币供给量是一个存量概念，是在某一时点上的一个量，比如期初时根本无法准确地测算出该期的经济增长率,自然就无法提供同比例的货币供给增长率。

从现实来看,各国的货币供给与经济增长也不是同比例增长的。由表 3-4 可知各国均未采用弗里德曼的货币供给简单规则,尤其是中国,货币供给增速显著高于 GDP 同比增速,似乎存在货币超发的可能。那么判断某一国或某一地区是否存在货币超发的标准到底是什么?

表 3-4 中、美、日三国货币供给增速与经济增速一览表

年份	中国		美国		日本	
	GDP 同比增速	M2 同比增速	GDP 同比增速	M2 同比增速	GDP 同比增速	M2 同比增速
1995	11%	29.47%	2.68%	2.07%	2.74%	3.02%
1996	9.9%	25.26%	3.77%	4.84%	3.1%	3.24%
1997	9.2%	17.32%	4.45%	5.04%	1.08%	3.1%
1998	7.8%	14.84%	4.48%	7.17%	-1.13%	4.34%
1999	7.7%	14.74%	4.75%	7.41%	-0.25%	3.67%
2000	8.5%	12.27%	4.13%	6.04%	2.78%	1.94%
2001	8.3%	14.42%	1%	8.63%	0.41%	1.61%
2002	9.1%	16.78%	1.74%	7.46%	0.12%	1.91%
2003	10%	19.58%	2.86%	6.98%	1.53%	0.97%
2004	10.1%	14.67%	3.8%	4.77%	2.2%	1.11%
2005	11.4%	17.57%	3.51%	4.28%	1.66%	0.5%
2006	12.7%	16.95%	2.85%	5.24%	1.42%	-0.32%
2007	14.2%	16.74%	1.88%	6.12%	1.65%	0.17%
2008	9.7%	17.82%	-0.14%	6.78%	-1.09%	0.75%
2009	9.4%	28.5%	-2.54%	8.05%	-5.42%	1.8%
2010	10.6%	19.73%	2.56%	2.5%	4.19%	2.08%
2011	9.6%	13.61%	1.55%	7.31%	-0.12%	2.2%
2012	7.9%	13.84%	2.25%	8.6%	1.5%	2.16%
2013	7.8%	13.59%	1.84%	6.74%	2%	2.91%
2014	7.3%	12.16%	2.53%	6.18%	0.37%	2.76%
2015	6.9%	13.34%	2.91%	5.78%	1.22%	2.98%
2016	6.7%	11.3%	1.64%	6.79%	0.61%	2.84%

续表

年份	中国		美国		日本	
	GDP同比增速	M2同比增速	GDP同比增速	M2同比增速	GDP同比增速	M2同比增速
2017	6.8%	8.1%	2.37%	5.7%	1.94%	3.36%
2018	6.6%	8.1%	2.93%	3.84%	0.79%	2.53%

注：数据来源于中经网统计数据库。

美国联邦储备系统明确指出，作为中央银行，美国联邦储备系统的货币政策是实现国会确定的三个目标：就业最大化、价格稳定和合适的长期利率。《中国人民银行法》规定：货币政策的目标是保持货币币值的稳定，并以此促进经济增长。《日本银行法》规定：日本银行的政策目标是实现价格稳定，以保持国家经济的稳定发展。因此，按照各个国家中央银行的货币政策目标，判断一个国家货币投放的多与少，应该以价格稳定、增长稳定和利率稳定作为标准，尤其应以价格稳定作为标准。所以，我们可以通过近些年我国的物价水平表现来判断我国是否存在货币超发的现象。

表3-5 中国历年价格水平一览表

年份	2001	2002	2003	2004	2005	2006	2007	2008	2009
CPI	0.73	-0.75	1.17	3.88	1.81	1.47	4.77	5.86	-0.69
PPI	-1.30	-2.23	2.30	6.07	4.93	3.00	3.13	6.90	-5.40
年份	2010	2011	2012	2013	2014	2015	2016	2017	2018
CPI	3.32	5.39	2.65	2.62	1.99	1.44	2.00	1.56	2.10
PPI	5.50	6.03	-1.72	-1.91	-1.89	-5.21	-1.37	6.31	3.50

注：数据来源于国家统计局网站。

表3-5给出了中国2001~2018年CPI和PPI。CPI超过5%的有2年，分别是2008年和2011年；PPI超过5%的有5年，分别是2004年、2008年、2010年、2011年和2017年；CPI超过4%但小于5%的只有2007年；PPI超过4%但小于5%的只有2005年；CPI值为负数的有2002年和2009年；PPI为负数的有2001年、2002年、2009年、2012年、2013年、2014年、2015年和2016年。总体来看，居民消费价格指数（CPI）自2001年以来比较稳定，2007年全球金融危机引发的全球经济衰退波及我国，我国政府为应对经济下滑，实施了适度宽松的货币政策，所以导致了2008年和2011年出现了CPI超过5%的情况，但不存在因货币超发引起的长期通货膨胀。工业生产者出厂价格指数（PPI）与居民消费价格指数（CPI）相

比,波动幅度较大,这与该指标的统计构成有关,该指标统计的是原材料、半成品及最终产品的出厂价格。如果把价格的决定因素分为经济体系内部因素和经济体系外部因素两大类,那么工业生产者出厂价格指数(PPI)易遭受经济体系外部因素影响,这种经济体系外部因素包括国际、国内的各种因素。居民消费价格指数主要衡量大宗消费品的价格水平变化,即主要是终端消费品,因此其受经济体系内部因素影响较多。也即工业生产者出厂价格指数(PPI)之所以比居民消费价格指数(CPI)的波动大,主要是因受国内、国外各种因素综合作用影响形成的,而不是单一由货币超发形成的。因此,笔者认为我国不存在货币超发。

货币可分为交易型货币和资产型货币,中国人民银行向市场供给货币是为了满足市场上所有商品和劳务交易之需,多余的货币可能执行了其作为金融资产的属性。随着我国金融市场和金融机构不断完善,执行金融资产职能的货币更多地会进入金融机构或金融市场,而一旦虚拟经济体系货币循环提供的资金收益率高于实体经济的投资回报率,这部分资金就会停留在虚拟经济体系,并暂时不会重新投入到实体经济货币循环,从而形成金融窖藏。

3.4.2 "中国货币之谜"产生的理论根源

3.4.2.1 混淆了社会交易额与国内生产总值

著名的费雪方程式指出

$$MV = PT$$

其中,M 为一段时期内的平均货币余额;V 为一段时期内的货币流通速度,即单位时间内货币的流通次数;MV 为一段时期内总货币需求;P 为一段时期内平均价格水平;T 为一段时期内商品和劳务的数量;PT 为一段时期内的商品总价值,也即社会交易额。当市场均衡时,总货币交易余额就等于社会交易额。如果能估计出社会交易额,就可以推测出总货币交易余额。那么,这个总社会交易额是不是就是国内生产总值?显然不是。国内生产总值衡量的是一段时期内所生产的最终产品和劳务的市场价值之和,却忽略了中间产品、二手产品、前期生产的产品和劳务及金融产品等,这些产品的交易也需要货币去履行价值尺度的职能,然而这些产品交易价值之和却不在国内生产总值的统计范围之内。但该如何统计这部分交易额,仍未找到合适的方式。

在费雪之后,美国经济学家弗里德曼曾指出,国民账户或社会账户的发展越来越侧重于国民收入而不是社会交易额。他的观点是货币供给量应该与国民收入挂钩,认为货币供给量应该与国内生产总值保持同比例增加,即简单规则,后来证明这一规则不符合现实。

凯恩斯曾指出货币需求主要有三大动机,分别是交易动机、预防动机和投机动机。交易动机和预防动机主要由收入水平来决定,投机动机主要受利率水平影响。很明显,这三大动机都与货币需求主体的主观抉择有关。同一收入水平的个体在交易动机上储备的货币量是不同的,因此,很难统计所有货币需求者的货币量,也就无法估计出总货币交易余额。

英国经济学家庇古沿用了货币供给决定于国民收入的思想,提出了著名的剑桥方程式:

$$M = k \cdot PY$$

其中,M 为现金货币余额;P 为平均价格水平;Y 为国民收入;k 为社会总财富中以货币形式持有的比例。该理论测算的货币供给更侧重于交易型货币余额,并不能反映整体的货币供给量。

概括来看,不管是哪种理论,都不能准确地估计出货币需求量,也就不能与各种层次的货币供给作对比,社会总货币需求应该与社会交易额有关,社会交易额绝不是国民收入或者国内生产总值,目前还没有关于社会交易额这一指标的相关统计数据。

3.4.2.2 忽略了货币流通速度对货币需求量的影响

在费雪方程式中,一般假设 V 是一个稳定的量,然后货币供给 M 与社会交易额 PT 有关,但实际上 M 一般指平均货币余额,是在某一时点上的一个量,是存量;PT 为社会交易额,指的是一段时期内的社会交易总额,是一个流量。那么,存量 M 和流量 PT 如何进行比较呢。即使把 PT 换成国民收入或国内生产总值(GDP),它们也是流量,还是无法和一个存量进行比较。但是,MV 是一个流量,可以用 MV 与 PT 进行比较。所以,不可以简单地将 V 作为一个常数去对待,更何况 V 只是在短期内保持稳定,在长期内是会发生变化的,再则,这个长期和短期的界限也无法准确地界定。因此,不可以忽略货币的流通速度,在考虑货币需求和货币供给时,应把货币流通速度考虑在内。

货币流通速度是一个与所在地区的文化习俗、社会习惯、金融发达程度及货币发行制度等相关的变量,不同地区的货币流通速度即使在同一时间,也可能存在很大的差异。比如,当前中国大量使用的电子支付工具,如支付宝、微信、财付通、银联支付等,但在世界上的很多其他地方目前使用较多的还是现金和信用卡,相比之下,我们的支付工具更安全、更快捷,这一方面提高了货币流通速度,另一方面也便利了消费者。

综上所述,不管是混淆了社会交易额与国内生产总值,还是忽略了货币流通速度对货币需求量的影响,都充分说明了我们简单地拿国内生产总值GDP与M1、M2甚至是M3进行比较的做法是不够准确的,更不能拿M2/GDP的值来说明我国存在货币超发,这也是麦金农用"中国货币之谜"来形容我国的货币供给增长率长期高于经济增长率和物价上涨率之和,却未引发严重通货膨胀的原因。

3.4.3 金融窖藏是"中国货币之谜"形成的原因之一

麦金农提出的"中国货币之谜"实际上是基于西方经济学中关于货币供给的思想的。在西方经济学中,经常用M2/GDP来衡量经济的货币化程度,也常用股市市值与GDP的比值来衡量经济的金融化程度。但因为中外之间对M2的测度存在显著的差异,直接套用国外的这个指标来分析我国的现实可能会存在水土不服的情况。西方经济学家根据货币的变现能力将货币分为以下4个层次:M1 = 现金 + 活期存款;M2 = M1 + 储蓄存款 + 定期存款;M3 = M2 + 非银行金融机构的存款;M4 = M3 + 金融机构外的短期金融工具。目前我国公布的货币层次有M0、M1和M2:其中M0 = 流通中现金;M1 = M0 + 企业活期存款 + 机关、团体、部队存款 + 农村存款 + 个人持有的信用卡存款;M2 = M1 + 城乡居民储蓄存款 + 企业存款中具有定期性质的存款 + 信托类存款 + 其他存款。这里需要说明的是,随着银行卡的普及,银联支付技术的提高,刷卡消费越来越便捷和普遍,但统计时,银行卡上的活期存款仍统计在M2中,并未统计在M1中。这种统计上的差异,导致直接使用西方经济学中某一指标来评价我国的经济发展状况难免有失偏颇。

"中国货币之谜"实际上是我国存在的一种经济现象,比如2007年始于美国并迅速席卷全球的金融危机给全世界各国经济发展都蒙上了一层阴影。美国为从危机中走出来,实施了一轮又一轮的量化宽松货币政策。金融危机给中国经济尤其是出口依赖型企业也带来了巨额损失,我国政府为应对这次危机,也实施了适度宽松的货币政策,增加了货币发放,这些货币大量用于基建和新农村建设。出口依赖型企业原本用于出口的大量彩电、冰箱,因为金融危机的原因出现了滞销,政府为了打开销路,鼓励拉动内需,针对巨大的农村市场,对每一件彩电、冰箱给予农村居民13%的政府补贴,这一方面解决了出口企业产品滞销的问题,另一方面也提高了农村居民的生活水平。再比如投入大笔资金用于基建和新农村建设,"大基建"

在改善交通条件的同时,也提高了商业效率;"村村通"使农村发生了翻天覆地的变化,农村的生态环境大为改善,投资潜力大大增加,为农村经济增添了活力。

政府一般会根据宏观经济形势采取"逆风向调节"的方式来保持经济又好又快发展。所谓的"逆风向调节"是指当经济出现衰退迹象时,实施扩张型的经济政策;当经济出现过热时,实施紧缩型的经济政策。在宏观经济形势不太好的年份,实施扩张型经济政策,货币供给增长率高于宏观经济增长率理所应当;在宏观经济势头较好的年份,各行各业如火如荼,交易额水涨船高,货币需求正旺,此时只有增加货币供给,才能保持宏观经济平稳,所以导致货币供给增长率不低于宏观经济增长率也是顺理成章。所以,不管是经济高涨还是经济衰退时期,增加货币供应都是合适的政策,这也就不难理解为何我国货币供给增长率连续高于经济增长率了。在政治经济学中,货币有交易型货币和储藏型货币之分。交易型货币一般运行在实体经济循环中,满足日常的大宗交易和零星交易。储藏型货币则一部分真正执行了储藏职能,比如为应对预防性需求而储备的部分现金,但随着现代金融制度的完善及资产变现越来越容易,手中持有的这部分储备货币越来越少,那么大部分储藏型货币就很可能落足于虚拟经济货币循环,因为一方面它可以提供高于实体产业的投资回报率,另一方面它可以储藏大量的货币以抑制这些货币流入实体经济引发通货膨胀。

表3-6给出了中国历年M2/GDP的值,从1991开始,这一比值经过了1.00和2.00的两级跳。自1996年开始,这一比值始终大于1.00,说明广义货币供给量M2已超过了GDP的数值,M2只是统计的货币和准货币之和,那些流动性比准货币还要差但可以变现的资产也占据了大量的货币量,例如中长期金融工具和金融资产、稀有贵金属、古董文物、房地产等,这类停留在虚拟经济体系的货币资金即是进入了金融窖藏领域。因此,可以说金融窖藏是"中国货币之谜"形成的原因之一。

表3-6 中国历年M2/GDP变化表

年份	1991	1992	1993	1994	1995	1996	1997	1998	1999
M2/GDP	0.88	0.93	0.98	0.96	0.99	1.06	1.14	1.23	1.32
年份	2000	2001	2002	2003	2004	2005	2006	2007	2008
M2/GDP	1.34	1.43	1.52	1.61	1.57	1.59	1.57	1.49	1.49
年份	2009	2010	2011	2012	2013	2014	2015	2016	2017
M2/GDP	1.75	1.76	1.74	1.80	1.86	1.91	2.02	2.08	2.04

注:作者根据国家统计局公布数据计算而制。

当然,"中国货币之谜"形成的原因除了金融窖藏之外,也可能与衡量物价变动的 CPI 的统计范围有关。中国的 CPI 统计范围包括食品、衣着、医疗保健和个人用品、交通及通讯、娱乐教育文化用品及服务、居住、杂项商品与服务等 8 类。但近几年来民众消费所占比重最大、价格上涨最厉害的消费支出项目,如民众教育消费、医疗保险、住房消费等并没有包括在 CPI 中。举个例子,在国家统计局公布的 CPI 指数中,我国居住类人均年支出仅 700 元左右,而这些费用甚至都不够支付一个家庭的水电费,在北京、上海等大城市,住房消费中的物业管理费、房租、购房等消费项目就更没有包括在其中了。事实上,这几年国内经济持续发展最大的动力是个人住房消费,如果不把它包括到整个社会的总消费中,那么这个数字能反映整个社会真实的消费水平吗?如果这个项目无法纳入 CPI,那么 CPI 又如何反映真实的消费价格水平呢?

有研究者认为,房地产作为一种特殊商品,其价格上涨是不可逆转的。因此,在相当长的一段时间内,可能呈现刚性上升趋势的房地产价格并不足以作为货币政策的决策依据,在供求对价格信号的变化并不十分敏感的经济结构中就更是如此。也就是说,CPI 变化根本就不需要考虑住房消费价格变化的因素。那么,住房是消费品还是投资品?如果住房是消费品,住房消费的价格指数不纳入 CPI 中,那么这种 CPI 肯定是失真的,不足以成为政府货币政策的依据;如果住房是投资品,假定房地产投资收益率很高,那么房地产业必然会吸引大量人力、物力、财力流入,这会进一步推高房地产价格甚至引发房地产市场泡沫。现实中,也有人认为我国房地产没有泡沫,市场火热的原因在于个人房地产需求过大而非投资过高。按照这个推论,目前的房地产市场应该是以住房消费为主导的,这样一来,住房消费价格不计入 CPI 就更没有道理了。房地产价格快速上涨必然会带动相关产业的产品价格快速上涨、投资过热,如砂石、水泥的价格近些年来上涨势头迅猛,还有电力、煤炭、运输、能源等行业,价格上涨的势头也不减。这么多行业产品的价格上涨,为什么没有传导到最终消费品上去?最大的原因就在于我们的统计剔除了住房价格上涨的因素,从而掩盖了价格传导机制的正常性。因此,用失真的 CPI 来判断国内通胀率的高低,在根本上是不可取的。目前国内的利率为什么这么低、房地产投资为什么如此火热、民众的购房需求为什么如此旺盛,最为重要的原因就是用了失真的 CPI 指数来作为货币政策的主要依据,阻碍了国内银行准确调整利率。应该注意到,即使 CPI 能够很好地反映居民消费价格,它也只是央行货币利率调整中考虑的一个因素而已,从市场的角度来看,国内利率提高的条件早已成熟,如美元加息、民众储蓄的变化、民间金融市场的利率水平等。

3.5 金融窖藏与金融体系、虚拟经济体系的区别

根据 Binswanger 的金融窖藏理论是指当虚拟经济体系提供的收益率高于实体经济体系提供的投资回报率时，大量资本就会流入虚拟经济体系，并暂时不会从虚拟经济体系撤出重新投入到实体经济体系。金融窖藏是经济社会发展到一定阶段的产物，这个阶段至少具有以下特征：虚拟经济体系相对繁荣、虚拟经济体系提供的收益率高于实体经济体系的投资回报率、有多元化的虚拟经济子市场供投资者进入、资本可以自由地流入流出虚拟经济体系、实体经济各行业竞争日趋激烈等。初识金融窖藏概念以及仅通过前文对金融窖藏在中国的表现、影响及测度的分析，很容易将其与金融体系、虚拟经济体系的概念混淆，本节对这3个概念之间的区别和联系进行分析。

金融体系是一个经济体中资金流动的基本框架，由金融参与者、金融工具、金融机构、金融市场等各种金融元素构成的综合体，并接受一国或一地区的相关金融法律法规约束和规范的综合系统。"虚拟经济体系"是与"实体经济体系"相对的概念，是市场经济高度发达的产物，是虚拟市场资金独立循环流动形成的系统。金融体系只是虚拟经济体系的一部分，虚拟经济体系的飞速发展离不开金融体系的飞速发展。

图 3-10 给出了虚拟经济体系货币的资金来源。流入政府部门的货币资金会以政府购买、转移支付等方式流入家庭部门、金融企业部门、非金融企业部门和金融企业部门，这里不再单独列出。央行增发的货币传导到家庭部门、非金融企业部门和对外部门，如果其中的一部分再从这些部门撤出并流入虚拟经济体系，且暂时停留在虚拟经济体系中，就形成了金融窖藏，如图 3-10 中的路径①、②、③号所指。如果货币资金是通过进入金融企业部门而直接流入虚拟经济体系的货币循环流中的则不属于金融窖藏的范围。金融窖藏的资本来源于实体经济体系向虚拟经济体系的渗漏，而不包括借助于金融机构或金融市场直接流入虚拟经济体系的那部分货币资金。表 3-1 给出了历年新增金融窖藏规模估计值，而当前虚拟经济体系的容量可能远大于这个值。

不管是金融窖藏、金融体系还是虚拟经济体系，都植根于经济社会发展。不同的是，金融窖藏只是就资本从实体经济体系撤出流入并暂时停留在虚拟经济体系

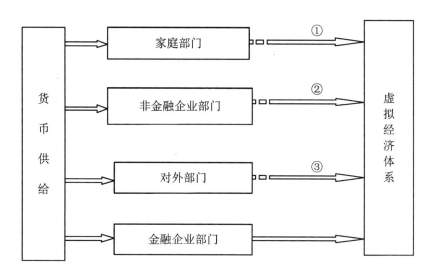

图 3-10　虚拟经济体系货币资金来源图

的这一现象进行的描述,而金融体系和虚拟经济体系都是完整的系统。金融窖藏不等同于金融体系,也不等同于虚拟经济体系,但因为金融窖藏资金主要投资于虚拟经济体系,加剧了虚拟经济体系的风险集聚,甚至有引发危机的可能,所以对金融窖藏的各种分析,离不开对虚拟经济体系中相关范畴的分析。

4 金融窖藏冲击下货币供给传导的有效性检验

货币政策传导的中介包括数量型和价格型的,前者指中央银行通过操作指标的变动来增加或减少货币供给量进而达到调控宏观经济的目标,后者指中央银行通过货币政策工具来调整中长期利率进而影响整个经济体系的目的。本章主要基于金融窖藏视角分析货币供给对中小企业发展的影响,本章的后续部分主要围绕金融窖藏冲击下货币供给向实体经济各部门传导的有效性进行分析。

4.1 货币供给的传导路径分析

4.1.1 我国货币政策调控的特点

我国货币政策调控有两大典型特点:

4.1.1.1 偏重于总量调控

我国的货币政策是通过数量型和价格型货币政策工具对宏观经济进行调控,基本采用"逆风向调节"的政策思路:当经济过热时,采用紧缩性货币政策进行调节;当经济遇冷时,采用扩张型货币政策进行调节。总量调控并不像财政政策那样,具体对政府部门的政府购买、家庭部门的转移支付、企业部门的税率进行调控,因此其对宏观经济各部门的调控效果的差别较大。比如中央银行实施宽松型的货币政策,增加市场上的货币投放,多出的货币因为金融窖藏的存在能否如预期一样流入实体经济各部门还是个未知数;即使流入实体经济各部门,比如流入家庭部门,虽增加了家庭部门的名义收入,但多出的部分是否能刺激消费,依然是个未知数。一旦增加的货币都流入金融窖藏领域,一方面提高了虚拟经济体系的系统性风险水平,另一方面也会导致实体经济供血不足,阻碍实体经济发展。总量调控的另一大缺点是无法对症下药,达不到调控的效果。比如对于中小企业融资难的问题,如果能建立专门扶持中小企业发展的基金会或金融机构,则当政府需要扶持中小企业发展时,可定向增发货币给该基金会或金融机构。

4.1.1.2 偏重于间接调控

货币政策调控一般需要借助货币政策工具,比如货币供给量、利率等,所以一般存在时滞,见效时间较长。财政政策调控,比如增加政府的政府购买,可以直接提高社会总需求,调控效果明显。因此,考察货币政策的政策效果,必须分析货币政策工具是如何作用于实体经济各部门的。因为货币政策效果目标的实现,必须借助于利率、货币供给量、信贷额等传递到家庭、企业、政府和对外部门才能发挥作用,这些部门再根据自身的资产状况重新进行资产配置(比如选择多少拿去消费、选择多少拿去投资),才有可能最终达到政策伊始的预期。所以整体上看,货币政策调控属于间接调控,被动性比较强,实现政策制定预期需要时间,更需要时间去修正和调整。

4.1.2 货币供给的作用路径

中央银行通过调控货币供给量来影响市场上的各行为主体,具体主要是通过货币政策的三大手段:存款准备金率、再贴现率和公开市场操作来改变基础货币供应和货币乘数。

存款准备金率是指中央银行规定经营存贷款业务的金融机构必须从存款额中计提一定比例存放在中央银行以防市场变化时发生挤兑。中央银行提高法定存款准备金率,一般预示着存款类金融机构可贷数额的减少,意味着实施紧缩型货币政策,反之则是扩张型货币政策。

再贴现率是指当商业银行向中央银行申请票据贴现时,中央银行可以调高或调低再贴现率。调高再贴现率,意味着各金融机构所持票据只能贴现到较少的货币,是货币紧缩的表现,反之则是货币扩张的表现。

公开市场操作是指央行通过购买国债或央行票据的方式向市场投放货币,增加基础货币供应,是扩张型货币政策的体现;相反,央行如果是抛售手中所持有的政府债券或金融债券,则是紧缩型货币政策的体现。可以看出,使用公开市场操作手段,中央银行具有主动性;再贴现率政策需要各金融机构到中央银行进行贴现才能起作用,相对被动;存款准备金率是针对所有存款类金融机构的,因为我国的存款基数较大,存款准备金率的一个小变化,都有可能被放大到引起整个市场上货币供给量的波动,因此,存款准备金率政策是一剂猛药,中央银行在采用该种货币政策工具时要谨慎。

中央银行对基础货币供给和货币乘数的调节,最终还是要通过各微观主体才能发挥作用。比如家庭持有现金的多少(通货比),会影响到货币乘数的大小,而影响家庭持币的因素主要有以下几方面:

① 财富的多寡,财富越多的人,持有的现金相对较多;

② 预期报酬率高低,预期报酬率越高,持有货币的机会成本越高,手中愿意持有的现金就越少;

③ 金融市场稳定性,金融市场越稳定,金融资产的变现能力越强,愿意持有的现金就越少;

④ 物价水平的高低,物价水平越高,通货膨胀越严重,存款的实际利率较低,投资者的收益越低,此时居民手中会持有更多的现金。

表征企业行为对货币供给影响的特点是其对资本的需求,进而是对贷款的需求。一般来说,这主要来自两个方面:一是经营的扩大与收缩。如果企业经营扩大,一般需要补充资本。补充资本需要从补充货币开始,大概率需要去银行申请贷款,从而增加对货币的需求。二是经营效益的高低。如果企业经营效益较低,资金周转率较慢,企业为维持日常的资金周转需求,会增加对资本的需求,甚至会增加向银行申请贷款,从而加大了央行增加货币供给的压力。

银行主要通过两种路径影响货币供给:一是调节超额准备金的比例;二是调节向中央银行借款的额度。银行保有的超额准备金越多,意味着可贷资金越少,市场上的货币供应越少。银行如果增加中央银行借款,意味着增加其在中央银行的准备金存款,意味着其具有更多的可贷资金,增加了市场上的货币供给。

4.2　基本模型的建立

考虑到金融窖藏的冲击,为对货币供给向实体经济各部门传导的有效性进行检验,构建了一个含4类经济主体(家庭、厂商、政府和中央银行)的动态随机一般均衡（DSGE）模型，这里把商业银行和进出口部门都算作普通的厂商。实际中，经济的变化主要反映两方面的变化，一是反映实物的变化，二是反映价值的变化。相应的，反映这两方面变化的经济指标也分为实际变量和名义变量。

4.2.1 家庭的优化问题

对于家庭来说，需要在消费和储蓄（投资）之间进行分配，在工作和闲暇之间进行调节。参照 Wickens(2008) 对家庭效应函数的设定，这里假设家庭会选择持有部分货币 $M_{j,t}$，这种货币可以以纸币、电子货币或其他流动性强的资产形式存在，便于其日常支付。假设家庭部门代表性消费者的效用函数形式如下：

$$U(C_{j,t}, m_{j,t}, L_{j,t}) = \frac{C_{j,t}^{(1-\sigma_c)}}{1-\sigma_c} + \frac{\left(\frac{M_{j,t}}{P_t}\right)^{(1-\sigma_m)}}{1-\sigma_m} - \frac{L_{j,t}^{(1+\omega)}}{1+\omega} \quad (4.1)$$

其中，$C_{j,t}$，$M_{j,t}$，$L_{j,t}$ 分别为 t 时期家庭代表性消费者的消费、持有的名义货币余额和提供的劳动；$m_{j,t} = M_{j,t}/P_t$ 为家庭持有的实际货币余额；σ_c 为风险规避系数；σ_m 为货币需求弹性的倒数；ω 为劳动供给弹性的倒数，其预算约束如下：

$$P_t(C_{j,t} + I_{j,t}) + M_{j,t} \leqslant w_t L_{j,t} + fh_{j,t} K_{j,t} R_t + M_{j,t-1} \quad (4.2)$$

其中，P_t 为价格水平；R_t 为资本的名义利率；$w_t = W_t/P_t$ 为实际工资；$I_{j,t}$ 是投资；$fh_{j,t}$ 表示金融窖藏对投入于实体经济资本的冲击，当达到稳态时，默认 $fh_{j,t} = 1$，代表所有的资本参与生产。因为金融窖藏的规模是在不断变化的，所以这里的金融窖藏指标 $fh_{j,t}$ 是用来衡量金融窖藏的规模变化对实体经济的冲击的；$fh_{j,t} K_{j,t}$ 指参与实体经济生产的资本；δ 是资本的折旧率。

资本的运动方程为

$$K_{j(t+1)} = (1-\delta) K_{j,t} + I_{j,t}$$

这里，参照 Wickens(2008) 著作中的设定，假设企业股东是由代表性家庭的成员担任，企业运作的资本来源于代表性家庭成员的出资，企业生产的最终产品供家庭部门消费。当企业的资产进行折旧之后需要追加投资时，这部分资金也是由代表性家庭部门的成员出资。所以，在构建家庭部门的预算约束时，要考虑当期的投资。

构建家庭效用的拉格朗日函数如下：

$$\max_{(C_{j,t}, I_{j,t}, L_{j,t})} l = E_t \sum_{t=0}^{\infty} \beta^t \{ U(\cdot) - \lambda_t [P_t(C_{j,t} + I_{j,t}) + M_{j,t}$$
$$- w_t L_{j,t} - fh_{j,t} K_{j,t} R_t - M_{j(t-1)}] \} \quad (4.3)$$

其中，β 为跨期贴现因子，$\beta \in (0,1)$，相应的一阶条件由下面的表达式给出：

$$\frac{\partial l}{\partial C}: C_{j,t}^{-\sigma_c} - \lambda_t P_t = 0 \tag{4.4}$$

$$\frac{\partial l}{\partial M}: \frac{m_{j,t}^{-\sigma_m}}{P_t} - \lambda_t + \beta \lambda_{(t+1)} = 0 \tag{4.5}$$

$$\frac{\partial l}{\partial L}: -L_{j,t}^\omega + \lambda_t w_t = 0 \tag{4.6}$$

$$\frac{\partial l}{\partial K}: -\lambda_t P_t + \beta E_t \lambda_{t+1}[(1-\delta)E_t P_{t+1} + E_t fh_{(t+1)} R_{(t+1)}] = 0 \tag{4.7}$$

式中，λ_t 为拉格朗日乘子，式(4.4)、式(4.5)、式(4.6)和式(4.7)消除拉格朗日乘子之后可变形为

$$\frac{M_{j,t}^{-\sigma_m}}{P_t} - \frac{C_{j,t}^{-\sigma_c}}{P_t} + \beta E_t \frac{C_{j(t+1)}^{-\sigma_c}}{P_{(t+1)}} = 0 \tag{4.8}$$

$$\frac{W_t}{P_t} = L_t^\omega C_{j,t}^{\sigma_c} \tag{4.9}$$

$$\frac{E_t C_{j,t+1}^{\sigma_c}}{C_{j,t}^{\sigma_c}} = \beta \cdot \left[1 - \delta + E_t\left(\frac{fh_{j(t+1)} R_{(t+1)}}{P_{(t+1)}}\right)\right] \tag{4.10}$$

式(4.8)给出了家庭部门的名义现金余额需求方程，家庭部门所持有的名义现金余额主要由当期和下一期的名义消费支出及家庭部门对现金余额的偏好决定。式(4.9)显示家庭部门消费和闲暇的选择主要由工资水平的高低决定。式(4.10)给出了家庭部门对消费多少和储蓄多少进行决策时的依据，其含义是消费的边际替代率等于投资的边际收益率。

4.2.2 厂商的优化问题

考虑到我国经济社会发展实际，将所有厂商分为两类：一类是生产中间产品的中间厂商，一类是生产最终产品的最终厂商。假设存在大量的中间厂商且均处于垄断竞争的市场环境中，各厂商确定购买生产要素的数量和制定具有一定差异性的产品价格。假设只有一个最终产品生产部门，他通过购买各中间产品来完成最终品的生产和销售。另外，所有生产要素的交易都处于完全竞争的市场环境中。

4.2.2.1 最终产品生产部门

参照 José(2014)的设计，我们采用 Dixit-Stiglitz 加总法对连续分布的中间产

品进行加总来生产最终产品,设 Y_t 为最终品,设 j 为第 j 种中间产品,则最终产品的生产函数可表示为

$$Y_t = \left[\int_0^1 Y_{j,t}^{\frac{\eta-1}{\eta}} dj\right]^{\frac{\eta}{\eta-1}} \tag{4.11}$$

其中,$\eta > 1$ 是不同中间产品之间的替代弹性,假设其是随机的,其随机运动方程为

$$\eta_t = \eta + \vartheta_t$$

ϑ_t 服从均值为 0,方差为常数的正态分布。

最终产品生产部门进行利润最大化的函数可表示为

$$\max_{Y_{j,t}} \prod_t = P_t Y_t - \int_0^1 P_{j,t} Y_{j,t} dj$$

$$= P_t \left(\int_0^1 Y_{j,t}^{\frac{\eta-1}{\eta}} dj\right)^{\frac{\eta}{\eta-1}} - \int_0^1 P_{j,t} Y_{j,t} dj \tag{4.12}$$

对每个中间产品 j 的产量 $Y_{j,t}$ 求一阶偏导可得

$$\frac{\partial \prod}{\partial Y_{j,t}} : P_t \cdot \frac{\eta}{\eta-1} \cdot \left(\int_0^1 Y_{j,t}^{\frac{\eta-1}{\eta}} dj\right)^{\frac{1}{\eta-1}} \cdot \frac{\eta-1}{\eta} \cdot Y_{j,t}^{\frac{1}{\eta}} - P_{j,t} = 0 \tag{4.13}$$

即

$$P_{j,t} = P_t \cdot \frac{\eta}{\eta-1} \cdot \left(\int_0^1 Y_{j,t}^{\frac{\eta-1}{\eta}} dj\right)^{\frac{1}{\eta-1}} \cdot \frac{\eta-1}{\eta} \cdot Y_{j,t}^{\frac{1}{\eta}} \ \forall j \tag{4.14}$$

将两种中间产品 i 和 j 的一阶条件相除可得

$$\frac{P_{i,t}}{P_{j,t}} = \left(\frac{Y_{j,t}}{Y_{i,t}}\right)^{\frac{1}{\eta}} \tag{4.15}$$

对所有的中间产品进行加总可得

$$\int_0^1 P_{j,t} Y_{j,t} dj = P_{i,t} Y_{j,t}^{\frac{1}{\eta}} \int_0^1 Y_{j,t}^{\frac{\eta-1}{\eta}} dj$$

$$= P_{i,t} Y_{j,t}^{\frac{1}{\eta}} Y_{j,t}^{\frac{\eta-1}{\eta}} \tag{4.16}$$

最终产品市场假设是完全竞争市场,当市场出清时有

$$P_t Y_t = \int_0^1 P_{j,t} Y_{j,t} dj \tag{4.17}$$

把式(4.15)、式(4.16)代入式(4.17)中,可得

$$Y_t = \left(\frac{P_t}{P_{j,t}}\right)^{\eta} Y_{j,t} \ \forall j \tag{4.18}$$

对式(4.18)进行积分,并代入最终产品的生产函数之后可得

$$P_t = \left(\int_0^1 P_{j,t}^{1-\eta}\right)^{\frac{1}{1-\eta}} \tag{4.19}$$

4.2.2.2 中间产品生产部门

中间厂商通过购买大量的生产要素来生产具有一定差异性的中间产品,首先需要确定购买生产要素的数量,然后再确定所生产的中间产品的价格。假设中间厂商进行生产需要投入一定的固定成本 Φ,生产的产品数量越多,分摊到每一单位产品上的固定成本就越少,即呈现规模递增效应。假设中间厂商采用的生产函数如下:

$$Y_{j,t} = A_t (fh_{j,t} K_{j,t})^{\alpha} L_{j,t}^{1-\alpha} - \Phi \quad (4.20)$$

金融窖藏对资本的影响服从 AR(1)自回归过程,带波浪线表示经过对数线性化变换,对数线性化后的金融窖藏的自回归方程可表示为

$$\tilde{f}h_{j,t} = \rho_{fh}\tilde{f}h_{j,t-1} + \tilde{\varepsilon}_t^{fh} \quad (4.21)$$

其生产成本函数可表示为

$$CS_{j,t} = w_t L_{j,t} + R_t K_{j,t} \quad (4.22)$$

构造关于成本最小化的拉格朗日函数为

$$l' = w_t L_{j,t} + R_t K_{j,t} + \lambda_t'(Y_{j,t} - A_t(fh_{j,t} K_{j,t})^{\alpha} L_{j,t}^{1-\alpha} + \Phi) \quad (4.23)$$

式(4.23)的一阶条件可表示为

$$\frac{\partial l'}{\partial L}: w_t - A_t \cdot \lambda_t' \cdot (1-\alpha) \cdot \left(\frac{fh_{j,t} K_{j,t}}{L_{j,t}}\right)^{\alpha} = 0 \quad (4.24)$$

$$\frac{\partial l'}{\partial K}: R_t - A_t \cdot \lambda_t' \cdot \alpha \cdot \left(\frac{L_{j,t}}{fh_{j,t} K_{j,t}}\right)^{1-\alpha} = 0 \quad (4.25)$$

为方便运算,暂不考虑中间厂商投入生产过程中的固定成本 Φ,此时生产函数变化为

$$Y_{j,t} = A_t (fh_{j,t} K_{j,t})^{\alpha} L_{j,t}^{1-\alpha} \quad (4.26)$$

将式(4.26)代入式(4.24)和式(4.25)可得

$$w_t = \lambda_t' \cdot (1-\alpha) \cdot \frac{Y_{j,t}}{L_{j,t}^{1-\alpha}} \cdot L_{j,t}^{-\alpha} = \lambda_t' \cdot (1-\alpha) \cdot \frac{Y_{j,t}}{L_{j,t}} \quad (4.27)$$

$$R_t = \lambda_t' \cdot \alpha \cdot \frac{Y_{j,t}}{(fh_{j,t} K_{j,t})^{\alpha}} \cdot (fh_{j,t} K_{j,t})^{\alpha-1} = \lambda_t' \cdot \alpha \cdot \frac{Y_{j,t}}{fh_{j,t} K_{j,t}} \quad (4.28)$$

由式(4.27)与式(4.28)相除可得

$$\frac{w_t \cdot L_{j,t}}{R_t \cdot fh_{j,t} K_{j,t}} = \frac{1-\alpha}{\alpha} \quad (4.29)$$

$$\lambda_t' = MC = \frac{1}{A_t} \left(\frac{W_t}{1-\alpha}\right)^{1-\alpha} \left(\frac{R_t}{\alpha}\right)^{\alpha} \quad (4.30)$$

式(4.28)指出中间厂商会根据各生产要素的价格来选择最优的要素数量组合,以

达到帕累托最优。

中间厂商需要确定合适的中间品价格,以确保其利润最大化目标的实现,构造其利润函数为

$$\max_{P_{j,t}} \prod_{j,t} = P_{j,t}Y_{j,t} - w_t L_{j,t} - R_t fh_{j,t}K_{j,t} \tag{4.31}$$

把式(4.18)、式(4.27)、式(4.28)代入式(4.31)可得

$$\max_{P_{j,t}} \prod_{j,t} = P_{j,t} \cdot \frac{P_{j,t}^{\eta}}{P_t^{\eta}} \cdot Y_t - \lambda_t' \cdot (1-\alpha) \cdot \frac{Y_{j,t}}{L_{j,t}} \cdot L_{j,t} - \lambda_t'$$
$$\cdot \alpha \cdot \frac{Y_{j,t}}{fh_{j,t}K_{j,t}} fh_{j,t}K_{j,t} \tag{4.32}$$

$$\max_{P_{j,t}} \prod_{j,t} = \frac{P_{j,t}^{1+\eta}}{P_t^{\eta}} \cdot Y_t - \lambda_t' \cdot (1-\alpha) \cdot Y_{j,t} - \lambda_t' \cdot \alpha \cdot Y_{j,t} \tag{4.33}$$

$$\max_{P_{j,t}} \prod_{j,t} = \frac{P_{j,t}^{1+\eta}}{P_t^{\eta}} \cdot Y_t - \lambda_t' \cdot (1-\alpha) \cdot \frac{P_{j,t}^{\eta}}{P_t^{\eta}} \cdot Y_t - \lambda_t' \cdot \alpha \cdot \frac{P_{j,t}^{\eta}}{P_t^{\eta}} \cdot Y_t \tag{4.34}$$

$$\max_{P_{j,t}} \prod_{j,t} = \frac{P_{j,t}^{1+\eta}}{P_t^{\eta}} \cdot Y_t - \lambda_t' \cdot \frac{P_{j,t}^{\eta}}{P_t^{\eta}} \cdot Y_t \tag{4.35}$$

式(4.35)的一阶条件可表示为

$$\frac{\partial \prod}{\partial P} : (1+\eta)P_{j,t} - \lambda_t' \cdot \eta = 0 \tag{4.36}$$

上式(4.36)整理可得

$$P_{j,t} = \lambda_t' \cdot \frac{\eta}{\eta+1} \tag{4.37}$$

式(4.37)给出了中间产品的定价规则,中间品都是具有差异性的产品,各中间品的定价与各中间品之间的替代弹性有关。

4.2.3 政府和中央银行的优化问题

假设政府的作用主要是维持国民经济的持续健康发展,暂时忽略政府可以实施的财税政策、计划手段等。假设仅指导中央银行制定有效的货币政策。中央银行参照政府的意图负责实施货币政策以求实现调控宏观经济的目标。考虑到我国以货币供给量作为中介目标的实际,参照麦科勒姆规则,假设 μ_t 为 t 时期的总货币供给增长率,带波浪线表示经过对数线性化变换,则

$$\tilde{\mu}_t = \tilde{M}_t - \tilde{M}_{t-1} \tag{4.38}$$

$$\tilde{\mu}_t = \rho_\mu \tilde{\mu}_{t-1} + (1-\rho_\mu)(\varphi_\pi \ln \tilde{\pi}_t + \varphi_y \ln \tilde{y}_t) + \widetilde{S}_t^\mu \tag{4.39}$$

4.2.4 市场均衡与货币供给冲击

当市场出清时,家庭部门对消费和闲暇做出决策。中间厂商制定有差异化的产品价格并决定采购原材料的效益;最终厂商决定采购中间产品的数量。中央银行按麦科勒姆规则实施货币政策,模型经济系统由下面13个方程构成:

$$\frac{m_{j,t}^{-\sigma_m}}{P_t} - \frac{C_{j,t}^{-\sigma_c}}{P_t} + \beta E_t \frac{C_{j(t+1)}^{-\sigma_c}}{P_{t+1}} = 0$$

$$\frac{W_t}{P_t} = L_t^\omega C_{j,t}^{\sigma_c}$$

$$\frac{E_t C_{j,t+1}^{\sigma_c}}{C_{j,t}^{\sigma_c}} = \beta \cdot \left[(1-\delta) + E_t \left(\frac{fh_{j,t} R_{t+1}}{P_{t+1}} \right) \right]$$

$$K_{j(t+1)} = (1-\delta) K_{j,t} + I_{j,t}$$

$$Y_{j,t} = A_t (fh_{j,t} K_{j,t})^\alpha L_{j,t}^{1-\alpha} - \Phi$$

$$w_t = \lambda_t' \cdot (1-\alpha) \cdot \frac{Y_{j,t}}{L_{j,t}^{1-\alpha}} \cdot L_{j,t}^{-\alpha}$$

$$= \lambda_t' \cdot (1-\alpha) \cdot \frac{Y_{j,t}}{L_{j,t}}$$

$$R_t = \lambda_t' \cdot \alpha \cdot \frac{Y_{j,t}}{(fh_{j,t} K_{j,t})^\alpha} \cdot (fh_{j,t} K_{j,t})^{\alpha-1}$$

$$= \lambda_t' \cdot \alpha \cdot \frac{Y_{j,t}}{fh_{j,t} K_{j,t}}$$

$$\lambda_t' = MC = \frac{1}{A_t} \left(\frac{W_t}{1-\alpha} \right)^{1-\alpha} \left(\frac{R_t}{\alpha} \right)^\alpha$$

$$\pi_t = \frac{P_t}{P_{t-1}} = \frac{\lambda_t'}{\lambda_{t-1}'}$$

$$\tilde{\mu}_t = \tilde{M}_t - \tilde{M}_{t-1}$$

$$\tilde{\mu}_t = \rho_\mu \tilde{\mu}_{t-1} + (1-\rho_\mu)(\varphi_\pi \ln \tilde{\pi}_t + \varphi_y \ln \tilde{y}_t) + \tilde{S}_t^\mu$$

$$\tilde{A}_t = \rho_A \tilde{A}_{t-1} + \varepsilon_t^A$$

$$\tilde{S}_t^\mu = \rho_{s\mu} \tilde{S}_{t-1}^\mu + \varepsilon_t^\mu$$

其中,带波浪线的表示对数线性化后方程。在均衡状态下模型满足

$$Y_t = C_t + I_t \tag{4.40}$$

在模型校准与参数估计时,表达模型变量间稳态关系的参数

$$\Omega = \{\beta, \delta_c, \delta_m, \omega, \delta, \alpha, \eta\}$$

4.3 参数估计与脉冲响应分析

4.3.1 参数校准与参数估计

使用 DSGE 模型,通过校准的方法获得参数,具体而言:主观折现因子 β 参考尹双明(2012)的测定设定为 0.98,风险规避系数 σ_c 及劳动供给弹性倒数 ω 根据江春(2018)的测定设定为 2 和 6.16,货币需求弹性的倒数 σ_m 根据杨源源(2020)的观点设定为 2.6,资本折旧率 δ 参考白仲林(2019)的取值设定为 0.025,中间产品替代弹性 η 参考赵星(2020)的观点设定为 2,资本比例 α 参考马孝先(2019)的取值设定为 0.45。

其余反应模型动态关系的参数

$$\Omega_1 = \{\rho_\mu, \varphi_\pi, \varphi_y, \rho_A, \rho_{s\mu}\}$$

利用现实经济数据结合贝叶斯估计方法进行参数估计。本章选取两个观测变量,包括产出、通货膨胀率,并对观测数据进行季节性调整,在消除季节性后利用 HP 滤波方法消除经济变量趋势得到模型观测数据。所有数据均来自中经网统计数据库、锐思金融研究数据库,所选样本观测区间为 1996 年第一季度到 2017 年第四季度。所有数据求解其参数值估计如表 4-1 所示。

表 4-1 贝叶斯参数估计结果汇总

参数	先验均值	后验均值	95%置信区间下限	95%置信区间上限	分布
ρ_μ	0.800	0.894 5	0.874 4	0.910 9	beta
φ_π	2.000	2.042 0	1.098 7	3.121 8	gamma
φ_y	0.600	0.585 9	0.405 6	0.784 0	beta
ρ_a	0.800	0.960 3	0.959 3	0.961 6	beta
$\rho_{s\mu}$	0.800	0.401 1	0.276 9	0.546 7	beta

注:此表是根据 Dynare 估计结果所制。

4.3.2 脉冲响应分析

图4-1和图4-2所示为货币供给变化影响国民经济各指标随机模拟近40期的脉冲响应图。因为本章选取的是季度观测数据,所以40期即10年,以此类推。图4-1分别给出了货币供给的随机冲击对消费、投资和产出的脉冲效应图。从图中可以看出,货币供给冲击对实际消费的影响是先产生一个负向的冲击力,这种负向冲击要维持20~30期,也就是5~8年,之后再逐渐回到稳态。说明随着货币供给的变化,并未带动内需实际消费的增加,反而会在短期内抑制实际消费,这可能与货币供给的增加导致名义收入水平增加但实际收入水平下降有关。从图4-1中还可以看出,货币供给的变化对实际消费的抑制不是短暂的,而是会持续5~8年,这种副作用必须引起重视。货币供给的变化,在短期会刺激投资增加。根据西方经济理论,货币供给增加,利率降低,当利率下滑到低于资本边际效益时,投资会增加。投资在增加几期之后,转而逐步回归稳态,说明货币供给变化对投资的刺激作用可以维持40期也就是10年左右。货币供给冲击对产出的影响是先产生短暂的负向作用再转为正向,然后逐步回归稳态,总体上对产出的正向推动作用大概可以持续5年。

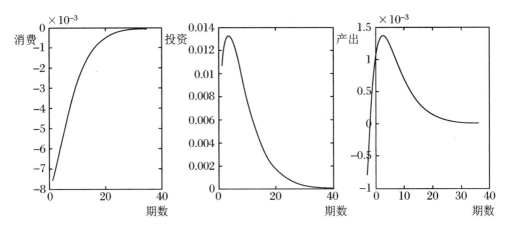

图4-1 货币供给冲击的脉冲效应(1)

总结起来,货币供给变化的冲击对实体经济的产出、投资和消费的影响不同,这种影响有正向的,也有负向的。货币政策实施的目的是为了拉动内需、推动经济增长,但会产生抑制实际消费及对实际产出的短期负向影响,说明货币政策发挥作用会有"时滞",表明货币供给传导的渠道发生了扭曲,这种扭曲可能与金融窖藏有很大的关系,这也使得实施宽松型货币政策的预期并未达到。

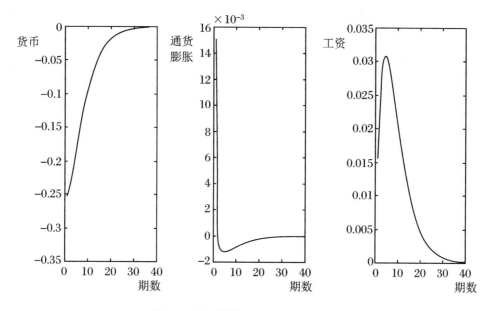

图 4-2 货币供给冲击的脉冲效应(2)

图 4-2 所示为货币供给冲击影响货币余额、通货膨胀和工资水平随机模拟之后的脉冲响应图。从图中可以看出,货币供给波动会给前期的货币余额带来一个负向的冲击,这种负向冲击会持续近 30 期,也就是 7.5 年左右,之后逐渐回归稳态。例如货币供给的增加,首先会带来货币供给大于货币需求,导致货币余额的贬值,之后再重新回到新的稳态。货币供给变化对通货膨胀的影响极其有限,只在最近的几期会引发物价的波动。货币供给的变动对工资水平的影响总体上是正向的,而且会持续近 30 期,大概 7.5 年,其中前 10 期影响最强。货币供给增多,一方面会引起居民名义收入水平提高,另一方面也会导致物价水平短期的波动,推动企业利润提高,企业产品销量和利润同时提高,工人的工资水平也会水涨船高。

总体上看,货币供给变化会给实体经济带来一定的冲击,其中对实际消费的负向影响持续期较长,对投资的正向推动作用较大,对工资水平的正向影响时间也较长。说明宽松型货币政策的实施在拉动投资方面起到了一定的作用,但同时也会引起实际消费下降、工资上涨等。

图 4-3 所示为金融窖藏冲击影响产出、消费和投资随机模拟之后近 40 期的脉冲响应图。因为本章选取的是季度观测数据,所以 40 期即 10 年,以此类推。从图中可以看出,金融窖藏冲击对实际产出的影响始终为负,且持续近 30 期(7.5 年左右)才逐步回归稳态。说明大量资金流入金融窖藏领域,导致实体经济发展资本供

应不足,已严重影响国民经济的持续健康发展。金融窖藏冲击对实际消费的影响始终为正,持续期近 20 期(5 年左右),才逐步回归稳态。说明金融窖藏领域高于实体经济的投资回报率推动了消费水平的提升。比如因为房地产市场带来的高回报,吸引大量资本源源不断地流入该市场,导致商品房的供不应求,推高房价,给该市场的投资者带来高额回报,高收入一般会带来消费水平的提升。金融窖藏冲击对投资的影响始终为负,且持续近 30 期(7.5 年左右)才逐步回归稳态。说明金融窖藏对投资有"挤出效应",大量资本流入金融窖藏领域,导致实体经济投资资金不足。

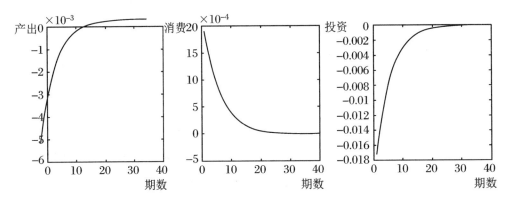

图 4-3 金融窖藏冲击的脉冲效应(1)

图 4-4 所示为金融窖藏冲击影响价格水平、工资水平和资本存量随机模拟之后近 40 期的脉冲响应图。由图可见金融窖藏冲击对价格的影响为负,且持续近 30 期(7.5 年左右),说明大量资本都停留在虚拟经济体系,形成了金融窖藏,减少了市场上的交易货币余额,从而对价格水平提高具有明显的抑制作用。这与当前我国的经济发展状况极其吻合,虽然经济货币化率(M2/GDP)已超过 2.0,但我国并未出现物价飞涨等严重的通货膨胀现象,即"中国货币之谜",这进一步佐证了前文得出的结论:金融窖藏是"中国货币之谜"产生的原因之一。金融窖藏冲击对工资水平的影响也为负,且持续近 30 期(7.5 年左右)。说明大量资本流入虚拟经济体系,导致实体经济的平均利润率进一步下滑,企业面临倒闭、工人面临失业,整体工资水平出现了明显的下滑迹象。金融窖藏冲击对实体资本的影响总体为负,且持续期超过 40 期(即 10 年),在第 10 期左右(2.5 年左右)最为严重。说明金融窖藏对实体资本的吸引具有长期性,这种长期性会给实体经济发展带来极大的损失。

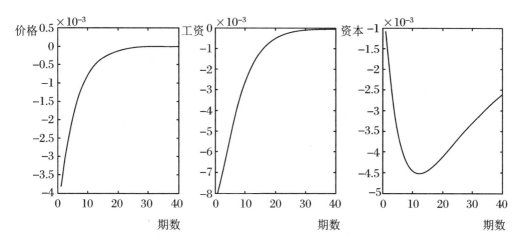

图 4-4 金融窖藏冲击的脉冲效应(2)

小结

根据经济社会发展需要,中央银行会相应制定货币政策对宏观经济进行调节,以实现维持经济增长、物价稳定、充分就业与国际收支平衡的政策目标。货币政策的实施经常会借助于一些货币政策工具,比如货币供给量、利率、信贷额等,本章着重对货币供给向实体经济各部门传导的有效性进行检验。考虑到货币政策的调控属于间接调控,最终还是需要通过各微观主体的行为才可以判断政策效果,所以本章首先针对各微观主体的行为模式构建了动态随机方程,观察随着货币供给量的变化,各微观主体可能的行为轨迹。鉴于金融窖藏现象的存在,本书在构建动态随机方程时,把金融窖藏作为一个冲击参数加入模型,当处于稳态时,金融窖藏系数值默认为1,意即所有资本都流入实体经济。但这种理想情况,就类似于充分就业一样,在现实经济社会中几乎是不可能实现的,所以本书在考虑金融窖藏对实体资本进行冲击时,观察家庭部门、厂商部门、政府部门和中央银行是如何调整的。动态随机方程组反映出货币供给的变化为家庭部门、企业部门和政府带来的变化,这种变化可能是名义值的变化,也可能是实际值的变化。最后分析参数估计和脉冲响应图发现,货币供给变化会给实体经济带来一定的冲击,其中对消费的负向影响持续期较大,对投资的正向推动作用较长,对名义工资水平的正向影响时间也较长。说明宽松型货币政策的实施在拉动投资方面起到了一定的作用,但同时也会引起消费下滑、工资上涨等。也发现金融窖藏冲击对产出和投资的影响都为负且持续期较长,对实体资本的冲击也为负且持续期更长。

5 金融窖藏影响货币供给与中小企业发展之间关系的路径分析

5.1 金融窖藏与货币供给的相关关系分析

5.1.1 货币供给影响金融窖藏的理论基础

货币资金的供给和需求在家庭部门、企业部门、金融机构、政府部门和对外部门之间进行流动,形成货币循环流。Binswanger(1997)认为金融窖藏是指从实体经济的货币循环流中撤出,并暂时不再进入实体经济货币循环流的那部分资金。据此,结合刘鹏(2014)对通货膨胀、资产价格波动与货币激活效应的分析,假设货币资金基于交易动机、储蓄动机和金融窖藏动机,主要流入三大市场:商品市场、储蓄市场和资产市场,构建货币需求变动的三市场模型如下:

$$\Delta M_d = \frac{\Delta PY}{V} + \Delta S + \Delta H \tag{5.1}$$

其中,M_d 代表货币需求;P 代表物价水平;Y 代表社会总产出;V 代表货币流通速度;S 代表储蓄额;H 代表金融窖藏额。假设货币流通速度 V 为1,令物价变动率、产出变动率、储蓄变化率和金融窖藏率分别为 $\pi = \frac{\dot{P}}{P}$、$g = \frac{\dot{Y}}{Y}$、$s = \frac{\Delta S}{PY}$、$fh = \frac{\Delta H}{PY}$,则式(5.1)可变为

$$\frac{dM_d}{dt} = \frac{d(PY)}{dt} + s \cdot PY + fh \cdot PY \tag{5.2}$$

令 $m = \frac{M_d}{PY}$,则式(5.2)可变形为

$$\frac{d(m \cdot PY)}{dt} = \frac{d(PY)}{dt} + s \cdot PY + fh \cdot PY \tag{5.3}$$

$$\frac{\mathrm{d}m}{\mathrm{d}t} \cdot PY + \frac{\mathrm{d}(PY)}{\mathrm{d}t} \cdot m = \frac{\mathrm{d}(PY)}{\mathrm{d}t} + s \cdot PY + fh \cdot PY \tag{5.4}$$

$$\frac{\mathrm{d}m}{\mathrm{d}t} \cdot PY = (1-m) \cdot \frac{\mathrm{d}(PY)}{\mathrm{d}t} + s \cdot PY + fh \cdot PY \tag{5.5}$$

式(5.5)两边同时除以 PY，可得

$$\frac{\mathrm{d}m}{\mathrm{d}t} = (1-m) \cdot \frac{\frac{\mathrm{d}(PY)}{\mathrm{d}t}}{PY} + s + fh \tag{5.6}$$

因为 $\frac{\mathrm{d}(PY)}{PY} = \pi + g$，所以式(5.6)可变为

$$\frac{\mathrm{d}m}{\mathrm{d}t} = -(\pi + g) \cdot m + \pi + g + s + fh \tag{5.7}$$

对一阶微分方程(5.7)求解可得

$$m = Ce^{-(\pi+g)t} + \frac{\pi + g + s + fh}{\pi + g} \tag{5.8}$$

对式(5.8)进一步变形可得

$$fh = (\pi + g) \cdot m - (\pi + g + s) - C(\pi + g)e^{-(\pi+g)t} \tag{5.9}$$

式(5.9)中 m 的系数为 $\pi + g$，根据 $\pi = \frac{\dot{P}}{P}$、$g = \frac{\dot{Y}}{Y}$，即 π 为物价变动率，g 为经济增长率，当经济处于危机之时，可能会出现 $\pi + g < 0$ 的情况，此时增加货币供给，金融窖藏会减少，即此时不管增加多少货币，人们都只会持有货币而不愿意将手中的货币兑换为金融资产，这就是凯恩斯提出的"流动性陷阱"，也即随着货币供给的增加，利率会降低，当利率降低到一定程度之后，此时无论增加多少货币，人们都只愿意手持现金，而不愿意购买资产。具体是因为资产价格与利率呈反比，当利率降低到很低时，也就意味着资产价格涨到很高，此时大家都会认为资产的价格不会再涨，未来只有下跌的可能，所以都会选择持有货币，而不是选择购买资产。金融窖藏的概念强调的是虚拟经济提供的平均收益率高于实体经济的投资回报率时，大量资本就会从实体经济货币循环流通体系中撤出流入虚拟经济体系，并暂时不会从虚拟经济体系中撤出的现象。而当出现"流动性陷阱"时，虚拟经济体系中的资产价格下降，资产持有者的收益逐渐下滑甚至亏损，此时继续维系高于实体经济的平均收益率的土壤逐渐消失，所以金融窖藏会减少。

当经济处于经济周期的复苏、繁荣和衰退阶段时，经济增长率 g 一般为正值；根据西方经济理论，价格一般存在黏性，价格下降存在"棘轮效应"，不如价格上涨那么快，所以价格变动率 π 为负的可能性很小。综合来看，大部分时候 $\pi + g > 0$。此时根据式(5.9)可知，m 与 fh 呈正比，当货币市场均衡时，货币供给等于货币需

求,根据 $fh = \frac{\Delta H}{PY}$ 和 $m = \frac{M_d}{PY}$,当货币供给 M_s 增加时,货币需求 M_d 也会增加,金融窖藏变动额 ΔH 会增加。

5.1.2 货币供给的趋势变化分析

时间序列的观测值常常显示出以季度或月度为周期的循环变动,这种循环变动往往会掩盖经济发展的某些客观规律。因此,我们在利用月度或季度时间序列进行计量分析之前,需要对月度或季度时间序列进行季节调整。季节调整就是从时间序列中去除季节变动因素,从而显示出潜在的趋势循环分量,趋势循环分量能真实地反映经济时间序列运行的客观规律。目前,有4种比较常用的季节调整方法:X11方法、Census X12方法、移动平均比例方法和Tramo/Seats季节调整方法。

5.1.2.1 X11季节调整方法

X11季节调整方法包括乘法模型和加法模型。乘法模型将时间序列分解为趋势循环要素项与季节要素、不规则要素的乘积,如式(5.10);加法模型将序列分解为趋势循环要素项与季节要素、不规则要素的和,如式(5.11),其中,乘法模型只适用于序列值均为正的情形。季节调整的观测值个数是有限制的,X11季节调整方法需要至少4个整年的月度或季度数据,最多能调整20年的月度数据或30年的季度数据。

$$Y_t = TC_t \times S_t \times I_t \tag{5.10}$$

$$Y_t = TC_t + S_t + I_t \tag{5.11}$$

式中,TC_t 为趋势循环要素项;S_t 为季节要素项;I_t 为不规则要素项,表示因自然灾害或不可预测因素导致变动的部分。

5.1.2.2 Census X12季节调整方法

X12季节调整方法是在X11季节调整方法的基础上发展起来的,它保留了X11季节调整方法的全部功能,并在以下3方面做了改进:

① 扩展了贸易日和节假日的调节功能;
② 新的季节调整结果稳定性诊断功能;
③ 增加了X12-ARIMA模型的建模和模型选择功能。

5.1.2.3 移动平均比例方法

移动平均比例方法主要有两种计算模型:加法模型和乘法模型,两种模型的计算步骤都是 5 步。

1. 乘法模型的步骤

① 对时间序列 Y_t 进行中心化移动平均,得到趋势循环序列 TC_t:

月度数据:$TC_t = \left\{ \dfrac{(0.5Y_{t+6} + \cdots + Y_t + \cdots 0.5Y_{t-6})}{1} \right\}$ (5.12)

季度数据:$TC_t = \left\{ \dfrac{(0.5Y_{t+2} + Y_{t+1} + Y_t + Y_{t-1} + 0.5Y_{t-2})}{4} \right\}$ (5.13)

② 计算季节因素项和不规则因素项的总和 SI 序列:

$$SI_t = \frac{Y_C}{TC_t} \quad (5.14)$$

③ 分别计算月度数据和季度数据的季节因子 s_j,如果是月度数据,就是计算第 j 个月的月度平均值;如果是季度数据,就是计算第 j 个季度的季度平均值。

④ 调整季节因子使它们乘积等于 1:

$$S_j = \frac{s_j}{\sqrt[k]{s_1 \times s_2 \times \cdots \times s_k}} \quad (5.15)$$

⑤ 计算季节调整的最终结果:

$$TCI_t = \frac{Y_t}{S_j} \quad (t = 1,2,\cdots,T; j = 1,2,\cdots,k) \quad (5.16)$$

2. 加法模型的步骤

以上是乘法模型的 5 步骤,加法模型的 5 步骤与乘法模型的 5 步骤基本类似,只是第 2 步和第 5 步有所区别。加法步骤的第 2 步为

$$SI_t = Y_t - TC_t \quad (5.17)$$

加法模型的第 5 步为

$$TCI_t = Y_t - S_j \quad (t = 1,2,\cdots,T; j = 1,2,\cdots,k) \quad (5.18)$$

其中,式(5.16)和式(5.18)中的 S_j 应与 Y_t 所在的月份(或季度)一一对应,季度数据 $k = 4$,月度数据 $k = 12$。

移动平均比例方法与 X12 季节调整方法最大的不同在于:X12 季节调整方法中的季节因子在不同年份是不同的,而移动平均比例方法的季节因子在不同年度的同一季度或同一月度是相同的。

5.1.2.4 Tramo/Seats 季节调整方法

Tramo/Seats 季节调整方法可以用来估计和预测存在缺失观测值和非平稳 ARIMA 误差以及受外部影响的回归模型,它能够对原序列进行插值,并识别和修正几种不同类型的异常值。本章拟选取的货币供给替代指标是月度广义货币供给

量 M2 的时间序列。广义货币供给量 M2 既是内生变量也是外生变量,这就决定了其在不同年份的同一月度具有不同的季节因子,进行季节调整时不适宜选择移动平均比例方法;本章拟选取 1996 年 1 月至 2019 年 6 月的月度数据,不存在缺失观测值和异常值,不需要进行修正和估计,所以不需要选择 Tramo/Seats 季节调整方法;和 X11 季节调整方法相比,X12 季节调整方法扩展了节假日和贸易日的调节功能,考虑到在相当长的一个时间维度内广义货币供给量 M2 的月度时间序列肯定包含了节假日和贸易日的调节功能,所以本章拟选择 Census X12 方法对广义货币供给量 M2 的月度时间序列进行季节调整。

图 5-1 所示为对广义货币供给量 M2 进行季节调整之后的趋势循环分项序列的时间变化趋势图。从图中可以看出,从 1996 年 1 月至 2019 年 6 月,广义货币供给量 M2 在剔除了季节因素和不确定因素之后的趋势循环分项仍逐年增加,从斜率来看增加的速度越来越快。

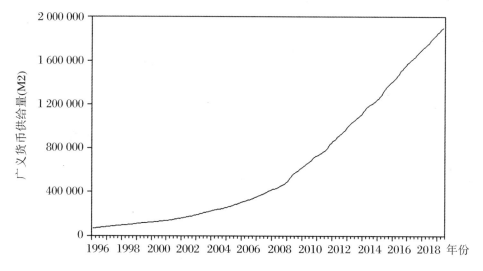

图 5-1 广义货币供给量 M2 的趋势循环分项序列

图 5-2 所示为对广义货币供给量 M2 进行季节调整之后其季节要素分项序列的时间变化趋势图。从图中可以看出,广义货币供给量 M2 的季节要素分项序列波动剧烈,尤其在 2009~2011 年达到了顶峰。为应对 2008 年的国际金融危机,2009 年前后我国实行了"四万亿"的经济刺激计划,显著增大了市场上广义货币供给量 M2 的波动。

对广义货币供给量 M2 进行季节调整之后,分别得到了其趋势循环分项、季节要素分项和不确定因素分项。趋势循环分项包括长期趋势项和循环要素分项,为

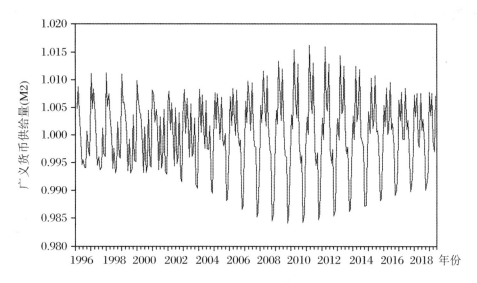

图 5-2　广义货币供给量 M2 的季节要素分项序列

了从趋势循环分项中剥离长期趋势项和循环要素分项,常用的方法是 HP(Hodrick-Prescott)滤波方法和频谱滤波方法(frequency band-pass filer)。

5.1.2.5　Hodrick-Prescott 滤波方法

设 Y_t 为经济时间序列的趋势循环分项,它包括两部分:长期趋势项 Y_t^T 和循环波动项 Y_t^C,具体表达式如下:

$$Y_t = Y_t^T + Y_t^C \quad (t = 1,2,3,\cdots,T) \tag{5.19}$$

一般而言,Y_t^T 常常被定为如下最小化问题的解:

$$\min \sum_{t=1}^{T} \{(Y_t - Y_t^T)^2 + \lambda [c(L) Y_t^T]^2\} \tag{5.20}$$

式中,$c(L)$ 是延迟算子多项式

$$c(L) = (L^{-1} - 1) - (1 - L) \tag{5.21}$$

将式(5.21)代入式(5.20),即为

$$\min \left\{ \sum_{t=1}^{T} (Y_t - Y_t^T)^2 + \lambda \sum_{t=2}^{T-1} [(Y_{t+1}^T - Y_t^T) - (Y_t^T - Y_{t-1}^T)]^2 \right\} \tag{5.22}$$

HP 滤波依赖于参数 λ,该参数需要先验地设定。按一般经验,λ 的取值如下:

$$\lambda = \begin{cases} 100 \text{(年度数据)} \\ 1\,600 \text{(季度数据)} \\ 14\,400 \text{(月度数据)} \end{cases} \tag{5.23}$$

本章采用的是广义货币供给量 M2 的月度数据,所以设定 λ = 14 400,HP 率波

结果如图 5-3 所示。

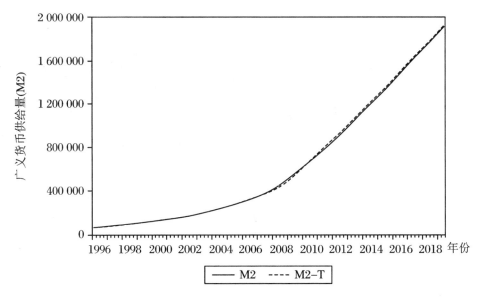

图 5-3　广义货币供给量 M2 序列及趋势序列

广义货币供给量的趋势序列变化更加平滑,总体上仍是逐渐上升的,并且上升速度越来越快。

5.1.3　金融窖藏的趋势变化分析

第 3 章中根据 Binswanger 的金融窖藏理论,测算出我国近年新增金融窖藏额的大概结果(表 5-1)。可以看出,我国近年新增金融窖藏额规模庞大而且有总体上逐渐变大的趋势。

表 5-1　历年新增金融窖藏额估计结果

年份	金融窖藏额(亿元)	年份	金融窖藏额(亿元)
2007	176 438.8	2013	316 466.6
2008	209 651.6	2014	259 624.4
2009	286 265.1	2015	274 131
2010	294 232.8	2016	270 841.6
2011	294 071.2	2017	287 125.8
2012	290 300.7		

注:作者经计算所得。

2007年始于美国的次贷危机给全球各经济体的经济发展都蒙上了一层阴影,为应对日益严峻的外贸出口形势和经济增长乏力,各经济体都相继实施了扩张型的经济刺激政策,比如美国、日本都相继实施了几轮的"QE"货币政策。我国也于2008年末开始推出了"4万亿"的经济刺激计划,这极大地增加了市场上的货币供给。由图5-4可以看出,2009~2013年,我国的新增金融窖藏额始终维持在高位,这与同时期实施的适度宽松型货币政策是相符的。

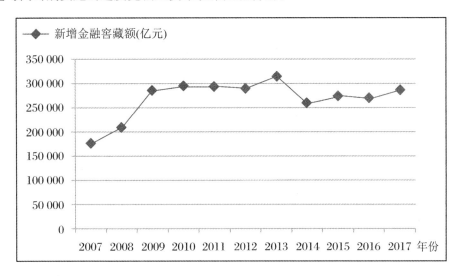

图5-4　2007~2017年新增金融窖藏额

我国自2001年加入WTO以来,外贸总额及外贸顺差额连年同比增加,但2008年的国际金融危机给我国的外贸出口形势带来了沉重的打击,那些出口依赖型企业更是苦不堪言。我国也适时地采取了一系列措施来维持经济的又好又快发展,大力推动内需就是一项重大的经济举措。同时期的美国、日本都通过宽松型的货币政策来抵御危机,我国也不例外,推出了适度宽松的货币政策,增加了市场上的货币供给。大量增加的货币一部分用在了基建和新农村建设上,也有一部分很可能流入了虚拟经济体系,比如房地产市场。"大基建"的效果是显著的,高铁线路遍布国内大多数城市,便利了出行,更带动了经济。"新农村建设"效果显著,"村村通"让农村发生了翻天覆地的变化,乡村中楼房林立、错落有致,热水器、有线电视、空调应有尽有,如今的农村生活条件并不比城市差。在取消"农业税"的同时,还给种地农民各种补贴,一个显著的影响是现在农村户口比城镇户口更"值钱"。

一系列抵御危机措施的实行,使我国经济迅速从衰退迹象中复苏过来,经济增速仍保持在全球各经济体前列。但我们仍要看到,适度宽松货币政策的使用又大量增加了金融窖藏额,如表5-1所示,2008~2013年的新增金融窖藏额连创新高,尤其是 2013 年,年新增金融窖藏额达到 316 466.6 亿元,创下了近十几年的新高,这给未来的经济健康发展埋下了隐患,也增加了虚拟经济体系的系统性风险。

5.1.4 货币供给与金融窖藏的双变量回归分析

表 5-2 所示为根据国家统计局发布的历年货币和准货币(M2)的规模进行差分之后得到的历年新增货币供给量。

表 5-2　历年新增货币供给计算结果

年份	货币供给 M2(亿元)	年份	货币供给 M2(亿元)
2007	57 864.31	2013	132 376.18
2008	71 724.39	2014	121 849.83
2009	135 057.9	2015	163 903.3
2010	115 627.3	2016	157 788.56
2011	125 739.1	2017	140 168.64
2012	122 557.9		

注:数据来源于中国人民银行网站。

根据前文对货币供给与金融窖藏的关系分析,建立新增货币供给与新增金融窖藏之间的双变量回归模型,其基本表达式如下:

$$fh = \alpha + \beta M2 + \mu \tag{5.24}$$

其中,fh 指年新增金融窖藏额,M2 指年新增货币供给,回归结果如表 5-3 所示。

表 5-3　双变量回归模型估计结果

变量	系数	标准误	t 值	p 值
C	148 493.7	33 954.17	4.373 4	0.001 8
M2	0.985 9	0.269 4	3.659 4	0.005 2
拟合优度	0.598 1		F 值	13.391 4

注:作者经 Eviews 计算所得。

从表 5-3 的回归结果可以看出,在 1% 的显著性水平下,货币供给与金融窖藏呈正向相关关系,年新增货币供给每变动 1 个单位,年新增金融窖藏变动 0.985 9 个单位。不管是从 t 值还是 F 值来看,结果都比较显著,说明实证模型回归结果验证了前文的理论分析。但从拟合优度值来看,效果不甚理想,很可能是影响新增金融窖藏的因素很多,新增货币供给只是其中之一,双变量模型并未容纳所有影响新增金融窖藏的因素。

5.2 金融窖藏影响企业融资的机理分析

由前文可知,金融窖藏与货币供给显著正相关,货币供给的多少直接影响金融窖藏的规模。企业融资同样依赖于市场上的货币供给,那么金融窖藏与企业融资之间是何关系?

当虚拟经济体系的资本收益率超过实体经济投资回报率时,大量资本就会停留在虚拟经济体系并暂时不会重新投入到实体经济体系,这一现象称为金融窖藏。归根结底,金融窖藏的形成是资本追逐利润的结果。从表 5-1 来看,我国金融窖藏的总规模的扩大。有如下原因:

第一,货币供给越来越多,大量货币借助金融媒介和金融市场流入虚拟经济体系,推动了金融窖藏规模的扩大;

第二,虚拟经济体系的资本收益率高,实体经济领域投资回报率偏低,虚拟经济体系对实体经济领域形成"挤出效应",原本运行在实体经济领域的大量资本流向虚拟经济体系;

第三,大量资本流入虚拟经济体系,增加了虚拟经济体系的产品需求,提高了其价格,使虚拟经济体系的资产持有者赚得盆满钵满,这种"示范效应"会吸引更多的投资者进入虚拟经济体系;

第四,中央银行增加货币供给,会有更多的资本流入虚拟经济体系。

中央银行减少货币供给,实体经济体系的资本需求更高,引致利率上升,投资的机会成本更高,实体经济的平均利润率更低。周而复始,金融窖藏越积越多,相对应的是,虚拟经济体系的系统性风险水平也越积越高。那么,金融窖藏领域的资本一般都运行在哪些领域才带来了比实体经济更高的回报率?金融窖藏领域的资本运行范围包括:证券市场(股票、债券、投资基金等)、房地产市场、金融衍生品市场(期货、期权等)、稀有贵金属投资市场(黄金、稀土、钒钛等)、收藏品市场(古董、字画、纪念品、艺术品等)等。这几类市场有一个共同特点:资本占有量大,但资本占有期限长短不一。于 1990 年和 1991 年相继成立的上海证券交易所和深圳证券交易所拉开了我国证券交易的大幕,证券市场交易额节节攀升,截至 2018 年年底,股票市价总值达 434 924 亿元,债券成交额 2 369 835 亿元,证券投资基金规模达到 128 966 亿元的。证券交易的期限多种多样,如上海证券交易所和深圳证券交易所对股票和基金交易都实行"T+1"交易,即当日买进、次日卖出,资金占用期限很短;当然也有期限较长的证券交易,比如长期债券,有的期限长达数十年。房地产市场是一个特殊的存在,该市场生产的是一栋栋楼房,但红砖绿瓦堆砌的价值与房地产市场超高的交易额完全不呈比例,所以一般认为该市场属于虚拟经济体系,但考虑到一栋栋楼房及各种建材、水泥制造等又是实体产业,所以该市场一般被认为是半虚拟经济市场。考虑到楼房建造有一定的工期,所以该市场对资本的占用期限相比股票、债券等流通交易相对便利的证券市场要长。金融衍生品市场的交易类似于股票交易,有短有长。稀有贵金属投资市场很受国际游资、热钱等投机资金的青睐,主要缘由就是其投资期限较短,也即其对资本的占用期限较短。收藏品市场考虑到其本身的收藏属性,期限一般比较长,这样收藏品才可能具有更高的升值潜力。当然,也有些升值潜力小的收藏品,转手速度比较快,其对资本的占用期限就相对较短。

企业一般通过内源性融资和外源性融资两条途径融资。内源性融资是指从企业内部挖掘潜力,比如将经营活动产生的资金留作自用,即公司内部融通的资金,主要由留存收益和折旧构成。留存收益是指企业将所获利润的一部分作为扩大再生产的原始资本金,折旧是指企业每期从发展资金中抽取的一定比例的资金分摊固定资产的折损,于是当固定资产报废时,仍有足够的资金购买新的固定资产以维持正常的生产。内源性融资形成的企业资本具有原始性、自主性、低成本和抗风险的特点,是企业生存与发展不可或缺的重要组成部分。原始性体现在内源性融资首先要仰仗企业最初的各大出资人,毕竟他们对企业的未来和发展是倾注过心血和感情的;自主性体现在企业融资首先应从内部挖掘潜力,只有内源性融资明显不足时,才会考虑外源性融资;低成本是指内源性融资相比外源性融资所付出的代价更小;抗风险是指当企业在经营困难,无法支付高昂的利息支出时,内源性融资的偿本付息不会那么紧迫,可以给企业以喘息之机。除此之外,比如企业扩大股本,通过向企业员工发行股票的私募发行也属于内源性融资的一种方式,股票的发行价格一般也会低于市场价格,这种增资持股是现在很多企业内部融资的常用方式。

外源性融资是指企业在内源性融资之外,通过向本企业外的其他经济主体筹集资金。具体方式包括:银行贷款、发行股票、企业债券等,其中比较常见的是向金融机构申请贷款,即借助金融机构进行融资,属于外源性融资中的间接性融资;还可以通过直接性融资方式进行融资,比如发行股票和债券,但是并不是所有企业都符合发行股票或债券条件的,《中华人民共和国证券法》规定的公开发行股票的条件:具备健全且运行良好的组织机构;具有持续盈利能力,财务状况良好;最近3年财务会计文件无虚假记载,无其他重大违法行为;经国务院批准的国务院证券监督管理机构规定的其他条件;公开发行债券的条件:股份有限公司的净资产不低于人民币 30 000 000 元,有限责任公司的净资产不低于人民币 60 000 000 元;累计债券余额不超过公司净资产的40%;最近3年平均可分配利润足以支付公司债券一年的利息;筹集的资金投向符合国家产业政策;债券的利率不超过国务院限定的利率水平;国务院规定的其他条件。也即在全国所有的大中小型企业中,符合公开发行股票或债券的企业只占其中的很小一部分,而中小企业能够通过金融市场募集到资金的可能性很小。此外,企业之间的商业信用、融资租赁在一定意义上说也属于外源性融资的范畴。

融资租赁作为一种新的融资方式,近些年受到越来越多的企业青睐,例如企业为提高生产效率,需引入新的大型机械设备,可向租赁公司申请,由租赁公司购买这台大型机械设备再租赁给申请企业。申请企业与租赁公司签订协议,定期向租赁公司支付租金,支付期满之后,大型机械设备的所有权由租赁公司过渡为该申请企业。

因此,虽然金融窖藏领域的大量资本的一个运行方向是投资于股票或债券,但中小企业依靠发行股票或债券等直接性融资方式的情况毕竟是少数,也即中小企业融通的资金来源于金融窖藏领域的较少,大量资本流入金融窖藏领域之后,再次回流至实体经济的社会主体即中小企业的可能性很小。金融窖藏领域的资本很大一部分来源于货币供给,企业融资也是依赖于市场上的货币供给,二者之间更多的是此消彼长、相互竞争的关系。金融窖藏吸纳的资本越来越多,中小企业能吸收到的货币供给就会越来越少。

5.3 企业融资与企业发展的关系分析

5.3.1 企业融资与企业生命周期

企业在生产经营过程中进行融资活动是不可避免的,即使自有资本充足的企业在扩大经营的过程中,也可能出现资本短缺的情况,此时就有必要进行融资活动。企业融资一般有内源性融资和外源性融资两条路径。内源性融资是指企业将经营活动产生的资金留作自用,即公司内部融通的资金,主要由留存收益和折旧构成。企业向内部员工以低于市场价格的方式进行的股权转让,也属于内源性融资。外源性融资是指企业通过一定方式向本企业外的其他经济主体筹集资金。具体方式包括:银行贷款、发行股票、企业债券等,此外,企业之间的商业信用、融资租赁在一定意义上说也属于外源性融资。内源性融资和外源性融资的一个根本区别是用于再投资的资金来源不同,内源性融资是使用企业内部筹措的资金进行投资,外源性融资是使用从企业外部筹集的资金进行投资。

企业成长即企业的生命周期(图5-5)具有不同的阶段,包括初创期、成长期、成熟期和衰退期。初创期即企业的初始创立阶段,这一阶段企业刚刚进入市场,产品还未得到市场的完全认可,所以生产规模较小,需求资金不多,这一阶段所需资金主要通过内部融通获得,外源性融资的比例较低。初创期的企业销售额低,企业基本处于亏损状态,此时更多地依赖其自有资本,企业能否扭亏为盈继续经营仍不确定,虽然对资本的需求比较迫切,但从企业外部也即依靠外源性融资获取资本的可能性很低。

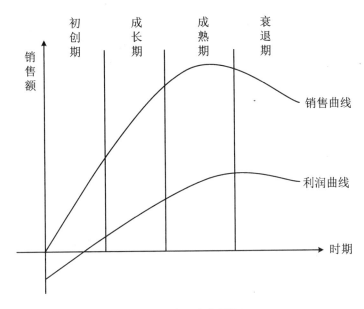

图 5-5 企业生命周期

成长期是企业发展的关键时期,这一时期不管是在人才、技术还是规模上都极为缺乏,对资本的需求也是最迫切的,这一阶段依靠内源性融资已无法满足企业扩大再生产的需要,寻求外源性融资迫在眉睫。只有通过不断地筹措资金,不断地完成资本快速循环,企业才可以迅速成长进入成熟期。当然,一个处于成长期的企业相比已经处于成熟期的大型企业、国有企业,融资难度还是很大的。内源性融资资金来源有限,已无法满足企业对资本的需求;只能想方设法通过外源性融资渠道筹措资金,但是发行股票和企业债券对一个处于成长期的企业来说不太现实,毕竟此时的企业结构和功能尚未完善,还无法满足发行股票和债券的各种条件,所以银行贷款就成了最便利的融资途径。我国的银行贷款多半需要担保或抵押,但对于成长期的企业来说,寻找担保方也不是件容易的事,抵押品同样有限,所以只有减少从银行贷款的额度,融资不力成为企业继续扩大再生产的阻力。从图5-5可以看出,处于成长期的企业已扭亏为盈,销售利润也节节攀升,这为其外源性融资奠定了基础,尤其是很有希望从银行获取一定额度的贷款。

当企业步入成熟期时,企业结构和功能业已成型,企业声誉和文化也已被社会所接受。此时企业融资的主要渠道是外源性融资,不管是抵押还是担保,企业均可较容易地从银行申请到贷款;此时企业还可以通过发行股票或债券的方式进行直接融资,这种方式更便利、更直接也更有效。同时,企业也较容易从内部获取大量融资,比如以转让企业股权的方式。再加上成熟期的企业利润丰厚,留存收益和折旧资金规模不可小觑,当急需资本时,这部分资本也足以解决燃眉之急。所以进入成熟期的企业,融资虽然同样重要,但此时企业融资已不会成为限制企业发展的羁绊。如图5-5所示,此时销售额已达峰值并出现转折点,说明随着企业规模的扩大,规模效应已达最高。如利润曲线所示那样,企业利润此时也逐渐接近最大值,再扩张规模可能就会出现利润下滑的局面。

企业慢慢步入衰退期可能是多种原因共同形成的,比如产品过时,已不能满足市场需求;企业机器老旧,生产效率降低;企业核心技术创新不足,已逐渐被同行超越等。处于衰退期的企业为了扭转乾坤,可能需要更大规模地融资,用来购买更先进的机器设备、雇佣更高技能的工人或者进行大规模的投资以谋求转型。此时通过银行贷款融资会有一定的难度,可抵押资产虽多但价值不高,可担保人脉还在但肯帮忙的不多,此时通过发行股票和债券融资更是难上加难。但处于衰退期的企业一旦融资成功,企业很有可能重获生机;一旦融资失败,极有可能轰然倒闭,所以这个时候的企业融资对企业发展也至关重要。

综上所述,不管企业处于其生命周期的哪个阶段,融资都是企业赖以生存的制胜法宝。对于中小企业来说,生存发展相比大型企业、国有企业,过程会更加艰难。比如在中小企业的成熟期,因为其规模有限、产品受众有限,难以取得向银行申请贷款的比较优势,故对于中小企业来说,银行贷款始终是一种稀缺资源。但不管是处于生命周期的何种阶段,中小企业的融资渠道都很有限,向银行申请贷款依然是其主要融资渠道。

5.3.2 企业融资与企业规模

从前文分析可知,处于初创期的企业规模较小,资金需求较少,一般通过内源性渠道可以解决融资需求;成长期的企业规模在变大,对资本需求也比较迫切,但碍于社会资源不足及资产抵押价值不高,通过外源性融资能够融通的资金数量较少;当企业迈入成熟期之后,企业规模相对稳定,企业所能驾驭的社会资源较多且自身能提供足够的抵押资产,此时通过外源性渠道获取的资金占总融资的绝大部分;当企业处于衰退期时,通过外源性渠道获取资金的数量和可能性都在降低,企业规模可能缩小或者艰难维持。概括来说,企业处于上升期时,需要融通的资本越来越多,当企业在走下坡路时,既可能需要融通更多的资金来改善局面,也可能因难以生存下去而不再需要融通资金。

大部分的公司都是股份制度的,当然,如果公司不上市的话,这些股份只是掌握在少数人手里。当公司发展到一定程度,由于发展需要资金,上市就是一个融通资金的好方法,公司把自己的一部分股权推向市场,设置一定的初始发行价格,让这些股权以股票的形式在市场上交易,股权转让所得即可作为企业发展的资本金,而且这部分资本不需要还本,这是由股票的特征决定的。《公司法》规定企业上市的一个条件是,上市公司的注册资金至少3 000万元,公开发行的股份是公司总股份的1/4以上,股本总额至少4亿元,公开发行的股份10%以上;并且要求上市公司最近的3个会计年度的经营活动产生的现金流量累计至少5 000万元,或者最近的3个会计年度营业收入在3亿元以上。中小板块即中小企业板,是指流通盘在1亿元以下的创业板块,相对于主板市场而言,这些企业的条件尚未达到主板市场的要求,所以只能在中小板市场上市。创业板于2009年在深圳证券交易所启动,相比于主板市场,在创业板上市条件门槛较低,对于企业财务主要有以下几点要求:

① 最近两年连续盈利且累计净利润不少于1 000万元;或者最近一年盈利且净利润不少于500万元;

② 发行后股本总额不少于3 000万元;

③ 最近一期末净资产不少于2 000万元;

④ 最近一期末不存在未弥补亏损。大中小企业和微型企业的划分可见表5-4。

表5-4 大中小企业和微型企业具体划分方法

行业名称	指标名称	计量单位	大型	中型	小型	微型
农、林、牧、渔业	营业收入(Y)	万元	$Y \geq 20\,000$	$500 \leq Y < 20\,000$	$50 \leq Y < 500$	$Y < 50$
工业	从业人员(X)	人	$X \geq 1\,000$	$300 < X < 1\,000$	$20 \leq X < 300$	$X < 20$
工业	营业收入(Y)	万元	$Y \geq 40\,000$	$2\,000 \leq Y < 40\,000$	$300 \leq Y < 2\,000$	$Y < 300$
建筑业	营业收入(Y)	万元	$Y \geq 80\,000$	$6\,000 \leq Y < 80\,000$	$300 \leq Y < 6\,000$	$Y < 300$
建筑业	资产总额(Z)	万元	$Z \geq 80\,000$	$5\,000 \leq Z < 80\,000$	$300 \leq Z < 5\,000$	$Z < 300$
批发业	从业人员(X)	人	$X \geq 200$	$20 \leq X < 200$	$5 \leq X < 20$	$X < 5$
批发业	营业收入(Y)	万元	$Y \geq 40\,000$	$5\,000 \leq Y < 40\,000$	$1\,000 \leq Y < 5\,000$	$Y < 1\,000$
零售业	从业人员(X)	人	$X \geq 300$	$50 \leq X < 300$	$10 \leq X < 50$	$X < 10$
零售业	营业收入(Y)	万元	$Y \geq 20\,000$	$500 \leq Y < 20\,000$	$100 \leq Y < 500$	$Y < 100$
交通运输业	从业人员(X)	人	$X \geq 1\,000$	$300 \leq X < 1\,000$	$20 \leq X < 300$	$X < 20$
交通运输业	营业收入(Y)	万元	$Y \geq 30\,000$	$3\,000 \leq Y < 30\,000$	$200 \leq Y < 3\,000$	$Y < 200$
仓储业	从业人员(X)	人	$X \geq 200$	$100 \leq X < 200$	$20 \leq X < 100$	$X < 20$
仓储业	营业收入(Y)	万元	$Y \geq 30\,000$	$1\,000 \leq Y < 30\,000$	$100 \leq Y < 1\,000$	$Y < 100$
邮政业	从业人员(X)	人	$X \geq 1\,000$	$300 \leq X < 1\,000$	$20 \leq X < 300$	$X < 20$
邮政业	营业收入(Y)	万元	$Y \geq 30\,000$	$2000 \leq Y < 30\,000$	$100 \leq Y < 2\,000$	$Y < 100$
住宿业	从业人员(X)	人	$X \geq 300$	$100 \leq X < 300$	$10 \leq X < 100$	$X < 10$
住宿业	营业收入(Y)	万元	$Y \geq 10\,000$	$2\,000 \leq Y < 10\,000$	$100 \leq Y < 2\,000$	$Y < 100$
餐饮业	从业人员(X)	人	$X \geq 300$	$100 \leq X < 300$	$10 \leq X < 100$	$X < 10$
餐饮业	营业收入(Y)	万元	$Y \geq 10\,000$	$2\,000 \leq Y < 10\,000$	$100 \leq Y < 2\,000$	$Y < 100$
信息传输业	从业人员(X)	人	$X \geq 2\,000$	$100 \leq X < 2\,000$	$10 \leq X < 100$	$X < 10$
信息传输业	营业收入(Y)	万元	$Y \geq 100\,000$	$1\,000 \leq Y < 100\,000$	$100 \leq Y < 1\,000$	$Y < 100$
软件和信息技术服务业	从业人员(X)	人	$X \geq 300$	$100 \leq X < 300$	$10 \leq X < 100$	$X < 10$
软件和信息技术服务业	营业收入(Y)	万元	$Y \geq 10\,000$	$1\,000 \leq Y < 10\,000$	$50 \leq Y < 1\,000$	$Y < 50$
房地产开发经营	营业收入(Y)	万元	$Y \geq 200\,000$	$1\,000 \leq Y < 200\,000$	$100 \leq Y < 1\,000$	$Y < 100$
房地产开发经营	资产总额(Z)	万元	$Z \geq 10\,000$	$5\,000 \leq Z < 10\,000$	$2\,000 \leq Z < 5\,000$	$Z < 2\,000$
物业管理	从业人员(X)	人	$X \geq 1\,000$	$300 \leq X < 1\,000$	$100 \leq X < 300$	$X < 100$
物业管理	营业收入(Y)	万元	$Y \geq 5\,000$	$1\,000 \leq Y < 5\,000$	$500 \leq Y < 1\,000$	$Y < 500$

续表

行业名称	指标名称	计量单位	大 型	中 型	小 型	微 型
租赁和商务服务业	从业人员(X)	人	$X \geqslant 300$	$100 \leqslant X < 300$	$10 \leqslant X < 100$	$X < 10$
	资产总额(Z)	万元	$Z \geqslant 120\,000$	$8\,000 \leqslant Z < 120\,000$	$100 \leqslant Z < 8\,000$	$Z < 100$
其他未列明行业	从业人员(X)	人	$X \geqslant 300$	$100 \leqslant X < 300$	$10 \leqslant X < 100$	$X < 10$

注：来源于"'关于印发《统计上大中小微型企业划分办法（2017）》的通知'国统字〔2017〕213号"。

表5-4给出了我国大中小及微型企业的划分方法，各行各业对大中小型企业的划分标准在资产总额、营业收入和从业人员数量方面是有差异的，比照我国上市公司的上市条件，可以发现上市企业中多数属于大中型企业，这些大中型企业上市的目的之一就是融资。反观在中小板和创业板上市的企业，其总体规模及各项财务指标与主板上市的企业都有差距。

图5-6给出了我国上市企业2001~2015年资产负债率的变化。从图中可以看出，从2006年开始，主板上市企业资产负债率明显高于中小板和创业板上市企业（中小板和创业板当年所有上市企业的总负债与总资产的比值），可以简单地认为，企业规模越大，企业负债相对越高，企业从市场上融通的资金越多。

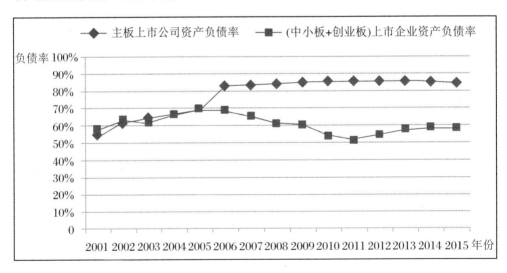

图5-6 上市企业资产负债率

考虑到我国长期以来实行的利率双轨制，大型企业、国有企业从银行等金融机构可以以较低的利息获取贷款，而中小企业从银行获取贷款则需要支付更高的利息。这一现实无形中给大型企业、国有企业创造了利差空间,它们可以将从银行获取的低息放款再以其下属财务公司的名义以较高的利率贷放给中小企业,一进一出之间就获取了丰厚利润,这一方面增强了大型企业、国有企业的利润空间,另一方面又进一步压缩了中小企业和微型企业的获利空间。随着利率市场化改革的逐渐深入及影子银行规模的逐渐壮大,大型企业、国有企业的这种获利空间越来越小,中小企业和微型企业的融资状况可能会有所改善。

总而言之,中小企业的管理者们都希望将自家的企业做大做强,那么融资就不可缺少。执政者要想方设法为中小企业和微型企业开拓新的融资渠道,消除中小企业、微型企业与大型企业在融资市场上的不平等。

5.4 货币供给影响中小企业发展的现实路径

5.4.1 中小银行与中小企业发展

在我国这样一个以间接融资为主的金融体制下,企业融资多半是向银行申请贷款。大银行和中小银行都有中小企业融资业务,但大银行普遍存在着轻视中小企业融资业务的问题。相对来讲,中小企业更能通过中小银行得到融资,这得益于中小银行在经营中小企业融资业务方面具有天然的优势。

首先,中小银行与中小企业的规模相匹配。根据中国人民银行统计约定,2008 年末各金融机构本外币资产总额低于 2 万亿元的银行统称为中小银行,而大于等于 2 万亿元的中资大型银行主要包括中国工商银行、中国建设银行、中国农业银行、中国银行、国家开发银行、交通银行和中国邮政储蓄银行。资产规模的差距决定了大银行凭借其雄厚的资产实力更偏向于向同样具有雄厚实力的大企业提供融资服务,中小银行则更加适合向具有较小融资需求的中小企业提供金融服务。

其次,中小银行能更容易缓解中小企业融资过程中的信息不对称问题。中小企业融资难的一个重要原因是银行与中小企业之间存在信息不对称,这种不对称导致银行在向中小企业进行放贷的过程中会更加谨慎。银行收集的企业相关信息,主要包括两类:一类是"硬信息",比如企业的资产、负债、所有权结构等;另一类是"软信息",比如企业经营者的个人品质、信用、能力、存货等。大型企业"硬信息"的相关指标,可以通过该企业向外披露的财务报表进行查看;中小型企业因为财务制度不健全、财务人员整体素质不高等,提供的"硬信息"有限。在"软信息"方面,中小银行多为区域性的金融机构,与当地的中小企业可能有多年稳定的合作关系,在获取"软信息"方面比起大银行具有先天的优势。

最后,中小银行向中小企业贷款存在较强的业务激励。现实中大银行的决策过程相比中小银行更为复杂,掌握中小企业信息较多的基层工作人员很难接触到大型银行的决策层。又因为大银行层级较多,决策链较长,进一步加重了中小企业"软信息"的上传难度,导致大银行向中小企业提供贷款服务的业务激励较弱。而中小银行决策权集中且内部层级简单,因此向中小企业提供贷款服务的业务激励较强。

概括来看,中小银行在解决中小企业融资难问题上具有先天的优势,这种优势更有利于促进中小企业发展。

5.4.2 货币供给与中小银行信贷

货币政策的传导渠道包括利率传导、信贷传导、资产价格传导和汇率传导4种,不管哪种传导渠道,都是借助于银行类金融机构来执行中央银行的政策意图。货币政策传导根据传导顺序有3个基本环节:

第一个环节是由中央银行到商业银行等金融机构和金融市场,中央银行通过货币政策工具将货币政策意图传递给金融机构和金融市场;

第二个环节是金融机构和金融市场通过信贷和利率的调整和变化影响到非金融类企业和个体等各类社会主体;

第三个环节是各社会主体通过所持有的货币供给量扩大或减少自己的消费从而影响到社会的总收入、总产出、就业、物价和工资等。

据中国人民银行网站数据显示,截至2019年9月末,中资全国性大型银行各项贷款合计715 976.93亿元,中资全国性中小银行各项贷款合计705 903.51亿元,这说明在货币供给的传导过程中,大型银行和中小型银行所起的作用旗鼓相当,各种信贷资源在大型银行和中小型银行之间进行分配时并未偏倚任何一方。另外,在中资全国性大型银行的各项贷款中,短期贷款只有154 499.69亿元,占比21.58%;在中资全国性中小型银行的各项贷款中,短期贷款有281 586.39亿元,占比39.89%,再结合中小企业融资"短、急、频"的特点,这正说明了中小银行与中小企业更匹配,中小银行发展能更好地促进中小企业发展。

在中小企业融资市场上,中小银行相比大型商业银行是具有优势的。中小银行的业务范围多集中在当地,对当地的经济社会及各行各业的发展都有较深入的了解。当本地中小企业向银行申请贷款时,大型商业银行和中小商业银行在调查成本方面有显著的差异。为规避"信息不对称"带来的经营损失,大型商业银行在放贷前可能不得不对申请贷款者的背景、经营状况、财务状况、创始人品质、股东构成等情况进入深入细致的调查,而中小银行可能因为日积月累,已对这些状况有了较为成熟的认识和判断。据此,可以认为中小商业银行与中小企业更匹配。

随着我国社会主义市场经济制度的确立,中小企业获得了难得的快速发展机遇期,但我们不得不正视中小企业自身仍存在的管理体制不完善、财务制度不健全等问题。中小企业在有借款需求时,考虑到大型商业银行严格的资质审查和审批流程,更倾向于向中小商业银行申请贷款。据此,我们也认为中小企业与中小商业银行更匹配。

 小结

本章对金融窖藏影响货币供给与中小企业发展之间关系的路径进行分析,主要是基于 Binswanger 金融窖藏理论中对金融窖藏产生原因,结合我国经济社会发展实际进行讨论。

随着虚拟经济快速发展,金融窖藏规模越来越大,即从实体经济体系渗漏到虚拟经济体系的货币资金越来越多。2008 年的世界金融危机给全球各主要经济体都带来了不同程度的伤害,我国也不例外。为了能从危机中恢复过来,政府实施了"四万亿"的经济刺激计划,大量货币投入市场,带来的是资产价格迅速上涨,加剧了金融窖藏。

本章的具体研究思路是:货币供给变化→因为金融窖藏→实体经济总资本额减少→影响企业发展(尤其是对于中小企业发展的影响)。根据前文的分析,货币供给与金融窖藏呈正比,说明随着货币供给增多,金融窖藏额变多。如果决策层想通过增发货币的方式来改善实体经济的融资困境,就不得不重视增发的货币有多少会流入金融窖藏领域,有多少能流入实体经济,有多少能流入中小企业。还不得不考虑因金融窖藏流入虚拟经济体系的资金所推高的资产价格对整个国民经济价格体系的影响,尤其是对实体经济融资成本的影响。遗憾的是,因现有统计数据的不全，尚不能准确地测度从实体经济体系流入虚拟经济体系的资金量，只能粗略地估算出历年新增金融窖藏额，因此也就不能准确地计算从实体经济中渗漏出的全部货币额。

可以确定的是，因为金融窖藏的存在，企业可获取的融资额在减少，中小企业尤甚。可融通资金额的减少限制了企业发展，对中小企业发展的影响更大。

6 金融窖藏视角下货币供给与中小企业发展之间关系的实证分析

前文分析了企业融资与企业发展之间的关系,也分析了货币供给与金融窖藏的关系。一般认为,货币供给增加有利于中小企业融资,而企业融资关系到企业的生死存亡。本章内容主要基于相关的统计数据通过经济计量方法聚焦于金融窖藏视角下货币供给是否能促进中小企业发展,或者说是能在多大程度上影响中小企业发展。

6.1 模型选择、指标设定与数据来源

6.1.1 模型选择

基于时间序列数据的传统计量经济模型暗含一个假定——各变量样本数据具有相同频率。因此在应用模型前必须采用统计方法将不同频率的原始数据换算成相同频率,这一方面导致了部分原始样本信息的损失,另一方面也可能导致计量回归结果存在偏误和失真。

本章选取的各变量原始数据既有月度数据,也有季度数据,为保证最大化利用原始样本数据信息及提高回归结果的可信度,拟选取混频数据抽样(MIDAS)模型加以应用。多元混频数据抽样模型的基本形式为

$$Y_t^L = \sum_{i=1}^{q} \beta_i W_{t-i}^L + \lambda f(\gamma, X_{j,t}^H) + \varepsilon_t \quad (6.1)$$

其中,Y_t^L作为被解释变量是低频数据;W_t^L是和因变量同样本频率的自变量(有可能包括因变量的滞后项);$X_{j,t}^H$是具有高频样本数据的自变量;β_i,λ和γ是需要被

估计的系数;$f(\ )$是用来把高频数据转化为低频数据的函数。高频数据转换为低频数据有两种方法:一种是单一的平均或加总,赋予不同时期的高频数据相同的权重进而转换成低频数据;另一种是采取统计学方法赋予不同时期的高频数据不同的权重进而转换成低频数据。混频数据抽样模型的一个关键特征就是通过时期和数据驱动的加权方案来把不同频率的数据放入同一模型,其基本形式如下:

$$Y_t^L = \sum_{i=1}^{q} \beta_i W_{t-i}^L + \lambda \sum_{j=0}^{m-1} w_{t-j}(\gamma) X_{t-j}^H + \varepsilon_t \qquad (6.2)$$

其中,m 是高频数据与低频数据的倍率;$w_{t-j}(\gamma)$ 是用来把高频数据转换成低频数据的权重函数;混频数据抽样模型提供了几种不同的权重函数计算方式。分布滞后加权混频数据抽样(PDL-MIDAS)回归模型被广泛应用于自回归模型中,其基本形式如下:

$$Y_t^L = \sum_{i=1}^{q} \beta_i W_{t-i}^L + \sum_{i=1}^{p} \gamma_i \sum_{j=0}^{k} j^{i-1} X_{t-j}^H + \varepsilon_t \qquad (6.3)$$

其中,k 是被选择的高频数据自变量的滞后期数;p 是多项式阶数也是待估计的高频数据自变量系数个数。指数 Almon 加权混频抽样(Exp-Almon-MIDAS)回归模型的基本形式如下:

$$Y_t^L = \sum_{i=1}^{q} \beta_i W_{t-i}^L + \lambda \sum_{j=0}^{k} Z_{j,t} + \varepsilon_t \qquad (6.4)$$

$$Z_{j,t} = \frac{\exp(\gamma_1 j + \gamma_2 j^2 + \cdots + \gamma_p j^p)}{\sum_{i=0}^{k} \exp(\gamma_1 j + \gamma_2 j^2 + \cdots + \gamma_p j^p)} X_{t-j}^H \qquad (6.5)$$

其中,p 为待估计的高频数据自变量系数的个数。指数 Almon 加权混频抽样回归模型的特点是高频数据自变量的各阶滞后对因变量的影响差异较大,而且得到的回归方程是非线性的。如果式(6.5)中的权重函数形式变成下式:

$$Z_{j,t} = \left[\frac{\xi_j^{\gamma_1-1}(1-\xi_j)^{\gamma_2-1}}{\sum_{i=0}^{k}\xi_j^{\gamma_1-1}(1-\xi_j)^{\gamma_2-1}} + \gamma_3 \right] X_{t-j}^H \qquad (6.6)$$

其中,$\xi_j = \frac{j-1}{k-1}$,这里假设待估计的高频数据自变量系数最多 3 个,并且施加限制条件:$\gamma_1 = 1$ 或 $\gamma_3 = 0$ 或 $\gamma_1 = 1$(且 $\gamma_3 = 0$),那么就被称为 Beta 加权混频抽样(Beta-MIDAS)模型,其估计的高频数据自变量与低频数据因变量之间的方程式是高度非线性的。

在混频数据抽样模型的各种权重函数形式中,最简单的权重方案就是阶段函数权重形式,其分布滞后部分是由许多离散的阶段构成的。阶段权重混频数据抽

样(Step-MIDAS)模型的基本形式如下:

$$Y_t^L = \sum_{i=1}^{q} \beta_i W_{t-i}^L + \sum_{j=0}^{k} \varphi_{t-j} X_{t-j}^H + \varepsilon_t \qquad (6.7)$$

其中,$\varphi_j = \gamma_k$ 中的 k 是滞后期数,$k = \frac{j}{\eta}$ 的 η 是阶段数。阶段加权降低了方程待估计系数的个数,因为它限定相邻的滞后期间有相同的系数。

在宏观经济研究中,当自变量和因变量的样本频率差别不大时,一般可以采用非限制混频数据抽样(U-MIDAS)模型进行处理,该模型的基本形式如下:

$$Y_t^L = \sum_{i=1}^{q} \beta_i W_{t-i}^L + \sum_{j=0}^{m-1} \gamma_{t-j} X_{t-j}^H + \mu_t \qquad (6.8)$$

其中,m 为高频数据与低频数据之间的倍率;q 为与因变量相同样本频率的自变量的个数。

6.1.2 指标设定与数据来源

本章选取中国中小企业发展指数(SMEDI)(季度)作为被解释变量,中国中小企业发展指数是通过调查国民经济八大行业中的中小企业,利用中小企业对本行业运行和企业生产经营状况的判断和预期数据编制而成的,是反映中国中小企业(不含个体工商户)经济运行状况的综合指数。

在行业选取上,依据国民经济各行业对 GDP 的贡献度,共选取了工业、建筑业、交通运输邮政仓储业、房地产业、批发零售业、信息传输、计算机服务和软件业、住宿餐饮业、社会服务业等 8 大行业。对每个行业的调查内容具体包括 8 个方面,即:宏观经济感受、企业综合经营、市场、成本、资金、投入、效益、劳动力。考虑到不同行业的特点,在具体调查过程中,8 个分项里面的细项调查有所区别。中国中小企业发展指数调查采取 PPS(probability proportion to size)抽样方法,每季度调查 2 500 家中小企业。总体抽样误差不超过 2%,分行业误差不超过 10%,置信度达到 95%,通过进入企业调查与电话访问相结合的方式,利用扩散指数的方法计算出中国中小企业发展指数。SMEDI 的取值范围为 0~200:

① 100 为景气临界值,表明经济状况变化不大;

② 100~200 为景气区间,表明经济状况趋于上升或改善,越接近 200 说明景气度越高;

③ 0~100 为不景气区间,表明经济状况趋于下降或恶化,越接近 0 说明景气度越低。拟选取通货膨胀率(π)、经济增长率(g)、储蓄率(s)和广义货币(M2)的

同比增速($m2$)作为解释变量,其中通货膨胀率(π)通过由国家统计局发布的居民消费价格指数(月度)折算得来;经济增长率(g)通过国内生产总值指数(季度)折算得来;因权威部门不发布居民的储蓄率(s)数据,本章拟采取城镇居民人均可支配收入(季度)减去城镇居民人均消费性支出(季度)的差值与城镇居民人均可支配收入(季度)的比值作为储蓄率(s)水平的衡量指标;广义货币(M2)的同比增速($m2$)借由国家统计局网站发布的广义货币(M2)的期末同比增速来表示。所有数据均来源于中国国家统计局网站、中经网统计数据库、中国中小企业协会网站及中国人民银行网站。

6.2 实证过程与分析

6.2.1 权重函数形式的选择

因为中国中小企业发展指数(季度)自 2010 年第一季度开始发布,因此,本章选取 2010 年第一季度至 2018 年第四季度的季度数据和 2010 年 1 月至 2018 年 12 月的月度数据,分别使用混频数据类模型的 5 种权重函数形式来模拟每个高频数据自变量对低频数据因变量中国中小企业发展指数的影响效果。高频变量的滞后阶数由 1 阶变动到 10 阶,在进行参数估计时,根据评价指标 AIC(Akaike info criterion)、SC(Schwarz criterion)、残差平方和(Sum squared resid)最小,拟合优度 R^2 及对数似然比(Log likelihood)最小的原则来确定最优估值模型。在实证过程中,分别加入了因变量的各阶自回归项,经反复试验,确定当加入因变量的滞后 1 期和滞后 2 期时模型效果最好。

表 6-1 给出了在 $m2$ 不同滞后阶数下各种 MIDAS 类模型的回归评价值。限于篇幅,此处有选择地列出了在 $m2$ 滞后 2 期、4 期、6 期和 8 期时模型的各评价指标值,随着滞后期逐渐延长,各评价指标值表现更优异,说明随着滞后期延长,模型回归的模拟精度提高。在各种 MIDAS 类模型的回归评价值中,U-MIDAS 模型的回归评价值更优异,经反复试验,在滞后期为 8 时的 U-MIDAS 模型回归的模拟精度更高。因此,测度高频自变量 $m2$ 对低频因变量中国中小企业发展指数的影响时,选择 $m2$ 的滞后期为 8 的 U-MIDAS 模型是更适宜的。

表 6-1　$m2$ 的不同滞后阶数下 5 种混频模型的回归评价值

模型	指标	滞后阶数			
		2	4	6	8
PDL-MIDAS	R^2	0.905 9	0.908 9	0.910 3	0.919 2
	残差平方和	0.006 0	0.005 8	0.005 7	0.005 2
	对数似然比	98.635 9	99.176 8	99.442 5	101.216 7
Exp-Almon-MIDAS	R^2	0.905 3	0.905 5	0.905 4	0.905 4
	残差平方和	0.006 0	0.006 0	0.006 0	0.006 0
	对数似然比	98.513 6	98.547 7	98.547 7	98.547 7
Beta-MIDAS	R^2	0.905 3	0.905 4	0.905 4	0.905 4
	残差平方和	0.006 0	0.006 0	0.006 0	0.006 0
	对数似然比	98.513 8	98.547 7	98.539 1	98.533 0
Step-MIDAS	R^2	0.905 4	0.907 5	0.910 0	0.921 9
	残差平方和	0.006 1	0.005 9	0.005 7	0.004 9
	对数似然比	98.527 4	98.916 6	99.380 2	101.807 3
U-MIDAS	R^2	0.905 9	0.914 6	0.914 8	0.930 6
	残差平方和	0.006 0	0.005 4	0.005 4	0.004 4
	对数似然比	98.635 9	100.282 5	100.314 5	103.809 7

资料来源：作者利用 EViews10.0 软件计算得到。

表 6-2 给出了 π 在不同滞后阶数下各种 MIDAS 类模型的回归评价值。因为篇幅有限，本文有选择地列出了在 π 滞后 2 期、4 期、6 期和 8 期时模型估计的各评价指标值，随着滞后期逐渐延长，各评价指标值会更优异，说明随着滞后期延长，模型回归的模拟精度更高。在各种 MIDAS 类模型的回归评价值中，U-MIDAS 模型的回归评价值更优异。经反复试验，在滞后期为 8 时的 U-MIDAS 模型回归的模拟精度更高。因此，测度高频自变量 π 对低频因变量中国中小企业发展指数的影响时，选择 π 的滞后期为 8 的 U-MIDAS 模型是更适宜的。

表 6-2　π 的不同滞后阶数下 5 种混频模型的回归评价值

模型	指标	滞后阶数			
		2	4	6	8
PDL-MIDAS	R^2	0.914 4	0.933 3	0.951 1	0.950 2
	残差平方和	0.005 4	0.004 2	0.003 1	0.003 1
	对数似然比	100.236 5	104.477 1	109.767 7	109.445 0
Exp-Almon-MIDAS	R^2	0.905 5	0.923 2	0.941 4	0.948 0
	残差平方和	0.006 0	0.004 9	0.003 7	0.003 3
	对数似然比	98.563 0	102.088 9	106.688 6	108.732 5
Beta-MIDAS	R^2	0.913 4	0.934 4	—	0.949 7
	残差平方和	0.005 5	0.004 1	—	0.003 2
	对数似然比	100.047 1	104.760 0	—	109.294 8
Step-MIDAS	R^2	0.909 7	0.934 9	0.951 7	0.953 6
	残差平方和	0.005 7	0.004 1	0.003 0	0.002 9
	对数似然比	99.331 6	104.894 4	109.992 0	110.647 5
U-MIDAS	R^2	0.914 4	0.936 8	0.959 0	0.963 8
	残差平方和	0.005 4	0.004 0	0.002 6	0.002 3
	对数似然比	100.236 5	105.403 1	112.774 8	114.880 3

资料来源：作者利用 EViews10.0 软件计算得到。

综上所述，在测度高频自变量 $m2$ 和 π 对低频因变量中国中小企业发展指数的影响时，应选择滞后期为 8 的 U-MIDAS 模型。

6.2.2　模型估计结果及分析

结合 AIC 和 SC 准则，判断在模型中加入因变量的滞后 1 期和滞后 2 期、低频自变量 g 的滞后 1 期和 s 的滞后 1 期进行回归的效果更好，模型估计结果汇总如表 6-3 所示。

表 6-3 多变量 U-MIDAS 模型估计结果汇总

变量/参数		估计值	标准差	t 统计量	p 值
低频变量和常数项	C	0.642 4	0.107 9	5.949 4	0.000 0
	y_{t-1}	0.685 0	0.165 9	4.128 7	0.001 2
	y_{t-2}	-0.387 9	0.162 7	-2.383 3	0.033 1
	g_{t-1}	2.620 5	0.677 6	3.867 3	0.001 9
	s_{t-1}	-0.358 5	0.086 6	-4.138 3	0.001 2
高频变量 $m2$ 的滞后(Lag)项参数	Lag1	-0.771 9	0.439 9	-1.754 6	0.102 8
	Lag2	0.241 2	0.494 0	0.488 3	0.633 4
	Lag3	0.144 8	0.374 8	0.386 2	0.705 5
	Lag4	0.192 5	0.362 8	0.530 5	0.604 7
	Lag5	-0.109 1	0.458 7	-0.238 0	0.815 6
	Lag6	-0.699 9	0.316 3	-2.213 0	0.045 4
	Lag7	0.295 2	0.457 7	0.645 0	0.530 1
	Lag8	0.416 7	0.462 4	0.901 0	0.384 0
高频变量 π 的滞后项参数	Lag1	-0.266 6	0.709 0	-0.376 1	0.712 9
	Lag2	0.428 4	0.793 2	0.540 1	0.598 2
	Lag3	-0.054 4	1.113 0	-0.048 9	0.961 7
	Lag4	0.250 6	0.820 1	0.305 6	0.764 7
	Lag5	0.991 8	0.850 6	1.165 9	0.264 6
	Lag6	-3.300 1	1.316 0	-2.507 6	0.026 2
	Lag7	1.438 7	0.693 6	2.074 2	0.058 5
	Lag8	-0.558 3	0.392 6	-1.422 2	0.178 5

资料来源：作者利用 EViews10.0 软件计算得出。

从表 6-3 中可以看出，前 1 季度的中国中小企业发展状况对当期有显著的正向促进作用，这是宏观经济发展中常见的惯性现象。滞后 2 期因变量对本期的中国中小企业经营现状有显著的负向作用，说明宏观经济发展中的惯性现象只在相邻两个季度之间存在，原因可能是：

① 宏观经济形势复杂多变，致使中小企业决策需同样灵活多变，因而缺乏具有稳健性的长期经营策略；

② 中小企业资本实力有限，短期投资较多，长期投资有限，所以宏观经济经营

中的惯性持续时间较短。

g 对中小企业发展具有显著的正向促进作用,说明中小企业发展总体上较依赖宏观经济环境和生态。居民储蓄率 s 对中小企业发展具有显著的负向作用力,原因可能是:

① 居民储蓄越多,用于消费中小企业产品的部分就会减少,这不利于中小企业的经营;

② 储蓄资金流入金融系统,可能暂时停留在金融市场上增加了金融窖藏,然而中小企业能够享受到的金融资源有限,这进一步加剧了大企业和中小企业之间的融资差距。

高频变量 m_2 的滞后项参数有正有负,在5%的显著性水平下多数均不显著,说明广义货币量的快速增加并没有改变中小企业融资难的境况,未对中小企业发展产生显著的促进作用,原因可能有三:

① 金融市场的繁荣促使大量资本流入虚拟市场,金融窖藏减少了中小企业可能获取的可贷资金;

② 货币供给增加促进了中小企业投资,但物价水平提高导致的成本增加可能抵消了中小企业原本就不丰厚的投资收益增量;

③ 货币供给虽然增加了,但因长期以来形成的信贷部门、资本市场和中小企业之间的信息不对称,加之中小企业信贷额度少,收集信息成本高,导致中小企业可获取的融资额度有限。

另外,高频变量 π 的滞后项参数也是有正有负,在5%的显著性水平下也是多数均不显著,原因可能是物价水平的上涨导致中小企业其带来的收益提高与成本提升基本持平。

6.3 稳健性检验

上文实证分析的结果表明,广义货币供给量的快速增加因为金融窖藏的影响并不能从根本上解决中小企业融资难问题,单纯地增加货币供给并不能对中小企业发展产生显著的促进作用。但该实证结论是基于混频数据抽样模型得到的,为验证该结论的可靠性,也为更准确地把脉我国中小企业融资难这一问题,下文基于同频数据进行稳健性检验。

6.3.1 指标设定与数据来源

参照刘林等(2013)、刘晓欣等(2017)、张平(2017)等的研究,选取广义货币供给 M2 的期末余额作为货币供给的代理指标。考虑到中国人民银行并不公布各季度的广义货币供给 M2 的期末余额,这里选择广义货币供给 M2 的期末余额的月度序列,再通过计量软件 EViews10.0 对其进行频率转换,得到广义货币供给 M2 的期末余额的季度序列。为了平滑时间序列数据可能存在的大幅波动和异方差,也为了保证数据平稳,对转换得到的季度序列取对数处理,记为 $\ln x_1$。

参照何自力等(2006)、李玉(2013)、周梅等(2013)等的研究,选取中国人民银行网站公布的中资中小型银行的短期贷款余额来近似代替中小银行对中小企业的贷款余额。考虑到中国人民银行并不公布各季度的中资中小型银行的短期贷款余额,这里选择中资中小型银行的短期贷款余额的月度序列,再通过计量软件 EViews10.0 对其进行频率转换,得到中资中小型银行的短期贷款余额的季度序列。为了平滑时间序列数据可能存在的大幅波动和异方差,也为了保证数据平稳,对转换得到的季度序列进行取对数处理,记为 $\ln x_2$。

本章选取中国中小企业发展指数(季度)作为中小企业发展的代理指标。中国中小企业发展指数是通过对国民经济 8 大行业的中小企业从宏观经济感受、企业综合经营、市场、成本、资金、投入、效益、劳动力等 8 个主要方面进行调查,利用中小企业对本行业运行和企业生产经营状况的判断和预期数据编制而成的,是反映中国中小企业(不含个体工商户)经济运行状况的综合指数,该指数的取值范围为 0~200,0~100 为不景气区间,表明中小企业发展状况趋于下降或恶化;100 为景气临界值,表明发展状况变化不大;100~200 为景气区间,表明发展状况趋于上升或改善。为了平滑时间序列数据可能存在的大幅波动和异方差,也为了保证数据平稳,对各季度的中国中小企业发展指数取对数,记为 $\ln y$。

因为中国中小企业发展指数(季度)自 2010 年第一季度开始发布,所以这里选取的是 2010 年第 1 季度至 2019 年第 3 季度的数据,选取的货币供给、中小银行发放给中小企业的贷款余额数据是从 2010 年的 1 月至 2019 年的 9 月的月度序列。所有数据均来源于中国人民银行网站、中经网统计数据库、中国中小企业协会网站。

6.3.2 计量模型的选择

传统的经济计量方法通常是以经济理论为基础构建计量模型来描述变量之间

的关系。遗憾的是,经济理论有时并不足以概括变量之间的各种动态关联,而且内生变量可以出现在方程的左端,也可以出现在方程的右端,使得估计和推断变得更为复杂。比如货币供给、中小企业向中小银行的借款额与中小企业发展之间并不是单一方向的因果关系;增加货币供给提高了中小银行的流动性,中小银行发放给中小企业的贷款额就会变多,促进了中小企业发展;中小企业发展壮大之后需要向中小银行申请更多的贷款,拓宽了中小银行的贷款渠道,推动了中小银行的发展壮大;当中小企业普遍存在融资难问题时,央行可能会考虑增加货币供给,以缓解市场上资本需求过旺的状况。因此,如果采用传统的计量方法,无法描述三者之间的动态关联,为了解决这些问题,Sims 于 1980 年将 VAR 模型引入到经济学中,推动了经济系统动态性分析的广泛应用。

VAR(p)模型的数学表达式如下:

$$y_t = F_1 y_{t-1} + \cdots + F_p y_{t-p} + H x_t + \varepsilon_t \quad (t = 1, 2, \cdots, T) \quad (6.9)$$

式中,y_t 是 k 维内生列向量;x_t 是 d 维外生变量列向量;p 是滞后阶数;T 是样本个数;$F_1, \cdots, F_p$ 和 H 是待估计的系数矩阵;ε_t 是随机扰动项。

VAR 模型将所有变量及其滞后变量统一视为内生变量,这种方法既避免了因为内生变量和外生变量划分错误造成的模型构建误差,也避免了因为经济理论不完备而造成的偏差。

VAR(p)模型建立和估计的具体步骤如下:

(1) 单位根检验

若变量单位根检验显示不平稳,则需要对其进行差分处理使之变为平稳序列,这样回归出的结果才有极低的可能性出现伪回归。

(2) 协整检验

Johansen 协整检验和 Grange 因果关系检验是计量经济方法中常用的两种协整检验方法,其中,Johansen 协整检验重点考察非平稳时间序列之间通过线性组合后形成的序列是否平稳,Grange 因果关系检验的目的是检验一个随机变量对于预测另外一个随机变量是否有帮助,如果有帮助,则称这个随机变量是另一个随机变量的 Grange 原因,反之则不是。

(3) 确定 VAR 模型的滞后阶数 p

一般通过多个信息指标来确定滞后阶数,如果多个信息指标选取了同一阶,则可以认定这一阶即为模型的最优滞后阶数。

(4) 建立 VAR(p)模型并进行模型的平稳性检验

在 VAR(p)模型中,经常利用脉冲响应函数来分析某个变量扰动项的变动对其本身以及模型中其他变量的影响情况,此外,还需通过方差分解函数分析各个扰动项变动对某个变量预测总误差变动的影响。

6.3.3 实证结果与分析

6.3.3.1 单位根检验

对各变量进行单位根检验的结果如表 6-4 所示,可知 $\ln x_1$、$\ln x_2$ 的原序列都不是平稳的,但其一阶差分序列是平稳的。$\ln y$ 的原始序列是平稳的,其一阶差分序列也是平稳的,所以可以对各变量进行下一步的协整检验。

表 6-4 单位根检验结果汇总

变量	检验类型(c,t,k)	ADF 检验值	1%临界值	检验结果
$\ln x_1$	($c,t,3$)	-0.0944	-4.2436	不平稳
$\Delta\ln x_1$	($c,t,2$)	-8.0764	-4.2436	平稳
$\ln x_2$	($c,t,0$)	-1.4196	-4.2191	不平稳
$\Delta\ln x_2$	($c,t,0$)	-4.1987	-4.2268	平稳
$\ln y$	($c,0,3$)	-4.9091	-3.6329	平稳
$\Delta\ln y$	($c,0,9$)	-9.0833	-3.6892	平稳

注:此表是基于 EViews10.0 运算所得。

6.3.3.2 Johansen 协整检验

由表 6-5 Johansen 协整关系检验结果可以看出,$\ln x_1$、$\ln x_2$ 和 $\ln y$ 这 3 个变量存在协整关系,且存在一个协整向量。

表 6-5 Johansen 协整关系检验

协整向量最大个数	特征值	最大特征值	迹统计量	5%临界值
None	0.3855	18.0165	31.8058	29.7971
At most 1	0.2099	8.7168	13.7893	15.4947
At most 2	0.1281	5.0725	5.0725	3.8415

注:此表是基于 EViews10.0 运算所得。

6.3.3.3 Grange 因果关系检验

表 6-6 给出了 $\ln x_1$、$\ln x_2$ 和 $\ln y$ 这 3 个变量之间 Grange 因果关系检验的结

果,在 5% 的显著性水平下,$\ln y$ 是 $\ln x_1$ 的 Grange 原因,这说明中小企业发展尤其是中小企业贷款难问题,会给中央银行货币政策的制定和实施提供参照。在 5% 的显著性水平下,$\ln x_1$ 是 $\ln y$ 的 Grange 原因,说明中央银行货币政策的松紧度会对中小企业发展产生影响,这与当前的现实状况基本相符。在 5% 的显著性水平下,$\ln y$ 是 $\ln x_2$ 的 Grange 原因,说明中小企业发展状况会影响到中小银行向中小企业的放款额,当中小企业发展状况良好时,会扩大生产规模,增加向中小银行的贷款额,反之则会减少向中小银行申请贷款的额度。在 5% 的显著性水平下,$\ln x_2$ 是 $\ln y$ 的 Grange 原因,说明中小银行向中小企业的放款额会影响中小企业发展,中小银行已成为目前解决中小企业融资难问题的主力军。

表 6-6 Grange 因果关系检验结果汇总

原假设	F 统计值	概率值	检验结果
$\ln x_2$ 不是 $\ln x_1$ 的 Grange 原因	1.464 6	0.300 6	接受
$\ln x_1$ 不是 $\ln x_2$ 的 Grange 原因	0.756 9	0.666 5	接受
$\ln y$ 不是 $\ln x_1$ 的 Grange 原因	4.243 2	0.025 9	拒绝
$\ln x_1$ 不是 $\ln y$ 的 Grange 原因	4.299 2	0.024 9	拒绝
$\ln y$ 不是 $\ln x_2$ 的 Grange 原因	7.202 8	0.005 0	拒绝
$\ln x_2$ 不是 $\ln y$ 的 Grange 原因	3.532 0	0.043 3	拒绝

注:此表是基于 EViews10.0 运算所得。

6.3.3.4 确定滞后阶数及平稳性检验

从表 6-7 给出的信息准则统计结果可以看出,LR、FRE、AIC、SC 和 HQ 都选择 4 作为最优滞后阶数。因此,应建立的关于 $\ln x_1$、$\ln x_2$ 和 $\ln y$ 的经济计量模型为 VAR(4)。

表 6-7 信息准则统计结果

Lag	$\ln L$	LR	FPE	AIC	SC	HQ
0	112.381 3	NA	3.22×10^7	$-6.434\,194$	$-6.299\,515$	$-6.388\,264$
1	247.614 8	238.647 4	1.93×10^{10}	$-13.859\,69$	$-13.320\,98$	$-13.675\,98$
2	257.438 5	15.602 43	1.86×10^{10}	$-13.908\,15$	$-12.965\,4$	$-13.586\,64$
3	266.224 1	12.403 11	1.95×10^{10}	$-13.895\,53$	$-12.548\,75$	$-13.436\,24$
4	298.086 2	39.359 03 *	5.46×10^{11} *	$-15.240\,36$ *	$-13.489\,54$ *	$-14.643\,28$ *
5	305.351 7	7.692 901	6.81×10^{11}	$-15.138\,33$	$-12.983\,47$	$-14.403\,46$

注:此表是基于 EViews10.0 运算所得。

VAR(4)模型的估计结果如下：

$$\begin{aligned}\ln x_{1t} =\ & 0.308\,5 \times \ln x_{1,(t-1)} - 0.043\,0 \times \ln x_{1,(t-2)} - 0.106\,9 \times \ln x_{1,(t-3)} \\ & + 0.682\,4 \times \ln x_{1,(t-4)} - 0.009\,0 \times \ln x_{2,(t-1)} + 0.048\,2 \times \ln x_{2,(t-2)} \\ & - 0.004\,0 \times \ln x_{2,(t-3)} + 0.013\,1 \times \ln x_{2,(t-4)} + 0.017\,1 \times \ln y_{(t-1)} \\ & + 0.105\,1 \times \ln y_{(t-2)} - 0.142\,0 \times \ln y_{(t-3)} + 0.100\,8 \times \ln y_{(t-4)} \\ & + 2.453\,5 \end{aligned} \tag{6.10}$$

$$\begin{aligned}\ln x_{2t} =\ & -2.339\,3 \times \ln x_{1,(t-1)} - 0.592\,9 \times \ln x_{1,(t-2)} + 2.216\,5 \times \ln x_{1,(t-3)} \\ & + 0.951\,8 \times \ln x_{1,(t-4)} + 0.698\,7 \times \ln x_{2,(t-1)} + 0.183\,7 \times \ln x_{2,(t-2)} \\ & + 0.018\,1 \times \ln x_{2,(t-3)} - 0.142\,3 \times \ln x_{2,(t-4)} - 1.310\,4 \times \ln y_{(t-1)} \\ & + 1.427\,4 \times \ln y_{(t-2)} - 1.087\,8 \times \ln y_{(t-3)} + 0.421\,7 \times \ln y_{(t-4)} \\ & + 2.278\,4 \end{aligned} \tag{6.11}$$

$$\begin{aligned}\ln y_t =\ & -0.499\,5 \times \ln x_{1,(t-1)} - 0.162\,6 \times \ln x_{1,(t-2)} + 0.238\,4 \times \ln x_{1,(t-3)} \\ & + 0.336\,0 \ln x_{1,(t-4)} - 0.026\,5 \times \ln x_{2,(t-1)} + 0.036\,4 \times \ln x_{2,(t-2)} \\ & + 0.019\,3 \times \ln x_{2,(t-3)} - 0.007\,1 \times \ln x_{2,(t-4)} + 0.833\,2 \times \ln y_{(t-1)} \\ & - 0.382\,3 \times \ln y_{(t-2)} + 0.638\,9 \times \ln y_{(t-3)} - 0.553\,3 \times \ln y_{(t-4)} \\ & + 3.186\,6 \end{aligned} \tag{6.12}$$

图 6-1 中显示 VAR(4) 模型的特征值多项式均在单位圆内，说明 VAR(4) 模型是平稳的。从式(6.12)可以看出，中小企业发展的代理指标 $\ln y$ 与前期货币供给的代理指标 $\ln x_1$ 的滞后 1 期至滞后 4 期的估计系数既有正值也有负值，说明货币供给的变化对中小企业发展是有影响的，但这种影响并不全部是正向促进关系。

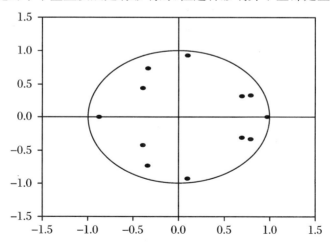

图 6-1 模型特征根的分布

这进一步验证了前文的结论,单一地通过增加货币供给并不能对中小企业发展产生显著的促进作用。

小结

本章综述前人研究成果,证实了传统西方经济理论中货币供给变化通过货币路径和信贷路径影响企业发展的论述,并在此基础上结合数理模型分析更深入地研究了货币供给变化是如何影响中小企业发展的,最后基于 2010 年第一季度至 2018 年第四季度的季度数据和 2010 年 1 月至 2019 年 9 月的月度数据使用混频数据抽样回归模型实证研究了货币供给变化影响中小企业发展的作用机理。为验证实证研究结果的可靠性,将所有指标的数据通过统计学方法变换成同一频率的数据之后再采用经典的向量自回归分析方法对货币供给与中小企业发展之间的关系进行了稳健性检验。研究结论如下:

① 广义货币增加因为存在金融窖藏的缘故,并没有从根本上改变中小企业融资难的困境,也即增加的货币供给并未流入中小企业融资市场,货币供给增加并未对中小企业发展产生显著的促进作用;

② 货币供给向中小企业传导的路径不畅,会使数量型货币政策工具的政策效果大打折扣,不利于政府对宏观经济的调控,可能会提高宏观经济风险和金融系统性风险;

③ 中小企业融资难的困境依然未得到有效缓解。大量资本流入虚拟经济体系,也即我们常说的资本的"脱实向虚",使得中小企业可获得的融资额越来越少。

7 研究结论与政策建议

7.1 研 究 结 论

7.1.1 金融窖藏提高了虚拟经济体系的系统性风险水平

正如前文所言,当虚拟经济体系给投资者带来的收益率超过实体经济体系的投资回报率时,大量资本就会暂时停留在虚拟经济体系,形成金融窖藏。虚拟经济体系产生之初是为实体经济服务的,是伴随着实体经济的发展逐渐壮大起来的。因此,金融窖藏是经济社会发展到一定阶段的产物,金融窖藏可以丰富投资者的投资渠道,可以吸纳市场上的超额货币,避免货币供过于求引发通货膨胀,更是推动虚拟经济体系不断繁荣的重要助力。但金融窖藏额过大,提高了整个虚拟经济体系的系统性风险水平,给国民经济发展带来了巨大的隐患,比如扭曲资产价格、加剧金融风险、影响经济政策的传导效果等。

7.1.2 金融窖藏冲击对产出和投资的影响为负且持续期较长

本书基于金融窖藏视角对各微观主体的行为模式构建了动态随机方程,观察随着货币供给量的变化,各微观主体可能的行动轨迹。动态随机方程组反映货币供给的变化会给家庭部门、企业部门和政府等带来一定的变化,这种变化可能是名义值的变化,也可能是实际值的变化。最后通过参数估计和脉冲响应图发现,金融窖藏冲击对产出和投资的影响为负且持续期较长,对实体资本的冲击也为负且持续期较长。

7.1.3　中小企业融资过于依赖间接融资

本书通过对货币供给影响中小企业发展的现实路径进行分析,发现当前我国中小企业遇到的融资难、融资贵问题的主要原因是其融资渠道过于单一,资本市场发展还不完善,缺乏中小企业直接参与资本市场的便捷通道,导致其过于依赖间接融资。我国是一个以银行融资为主导的间接金融体制,中小企业相比大型企业、国有企业,在银行借贷市场上处于劣势,不管是资本实力、抵押品规模还是企业声誉度等方面都软弱。因此,过于依赖间接融资途径的中小企业在借贷市场上也是处境艰难。

7.1.4　金融窖藏挤占了实体经济的融资空间

虽然金融窖藏领域的大量资本的一个运作方向是投资于股票或债券,但中小企业进行直接融资也即通过股票或债券进行融资的比例很低,所以中小企业融资来源于金融窖藏领域的很少,导致大量资本流入金融窖藏领域之后,重新投入到实体经济的可能性很小。金融窖藏领域的资本很大一部分来源于货币供给,企业融资也是依赖于市场上的货币供给,二者之间更多的是此消彼长、互相竞争的关系。因此,金融窖藏规模不断扩大,导致实体经济可获取的融资额在减少,也即金融窖藏挤占了实体经济的融资空间。

7.1.5　金融窖藏阻碍货币供给流入中小企业

通过综述前人研究成果证实了传统西方经济理论中货币供给变动通过货币路径和信贷路径影响企业发展的论述,并在此基础上通过理论分析更深入地研究了货币供给变动是如何影响中小企业发展的。最后基于2010年第一季度至2018年第四季度的季度数据和2010年1月至2019年9月的月度数据使用混频数据抽样回归模型实证研究了货币供给变化影响中小企业发展的作用机理。研究结论表明:

① 广义货币增加因为金融窖藏的原因,不仅没有促进中小企业发展,反倒在某种程度上不利于中小企业发展;

② 货币政策传导路径不畅,会使政策效果大打折扣,不利于政府对宏观经济的调控,可能会提高宏观经济风险和金融系统性风险;

③ 由于过多的货币流入金融窖藏领域,导致中小企业融资难的困境未得到有效缓解。

7.2 政策建议

7.2.1 构建金融风险综合指数

货币供给会随着国民经济发展不断增加。虚拟经济体系是为实体经济服务的,但随着虚拟经济体系给投资者提供的收益率越来越高,大量资本流入虚拟经济体系并暂时停留在虚拟经济体系,形成金融窖藏已变得不可避免。此时,及时关注金融窖藏规模及由此引发的系统性金融风险就变得尤为重要。胡援成等(2016)在考虑到金融窖藏造成的资金循环不畅可能会带来商业银行经营脆弱性时,构建了包含金融市场多项资产价格变动的 FCI 指数,这一指数可有效地监控金融市场上的风险。类比于此,可综合考虑金融窖藏领域的各类投资工具,比如基础金融工具、衍生金融工具、房地产市场、稀有贵金属产品等,结合各投资工具自身的风险大小,构建综合性的风险指数,可有效地监测金融窖藏所引发的风险波动,从而及时采取措施化解潜在风险,避免金融"堰塞湖"决堤。

7.2.2 加强对货币资金流向的监管

实证研究发现金融窖藏对产出和投资的影响为负且持续期较长,说明金融窖藏规模已超过其最佳水平。根据 Binswanger 的金融窖藏理论,金融窖藏是经济社会发展到一定阶段的产物,这与货币的储藏功能是分不开的,其对国民经济既有缓释通货膨胀的益处,也有排斥实体经济融资的缺陷,因此,金融窖藏规模不宜过大。随着虚拟经济体系不断发展以及人们对风险认知能力的不断增强,各社会主体开始将手中的"资产型货币"或者部分"交易型货币"用于追求收益。当虚拟经济体系提供的收益率高于实体经济的投资回报率时,大量资本就会流入虚拟经济体系,形成金融窖藏。我国作为制造业大国,成熟的产业链、完备的产业体系以及良好的市场竞争环境,使得从事实体经济的各行各业的利润率趋于下滑,而虚拟经济体系中的金融业、房地产业、收藏业、博彩业等,在伴随着较高风险的同时也提供着较高的平均收益率。例如房地产市场上的投资者,"房住不炒"的声明虽言犹在耳,但他们仍觉得地方政府不会真正打压楼市,不会让房价下滑,所以导致房地产市场上的投资者仍趋之若鹜。

因此,加强对货币资金流向的监管,尤其是商业银行等放贷机构,应对流入虚拟经济体系,如流入股市、楼市的资金,根据资金流入量对投资者征收"梯度利率",压缩其可能的获利空间;加强对流入实体经济各行各业的资金使用流向的监管,对于坚守实业的企业,可以考虑使用优惠利率;对于挂羊头卖狗肉的企业,可以使用惩罚性利率。

7.2.3　成立政策性的中小企业银行

针对中小企业融资过于依赖间接融资的现状,除了开拓新的融资渠道以外,在以银行借贷为主的金融体系中,提高中小企业在借贷市场上的地位是当务之急。在中国的银行体系中,银行业金融机构类型分为开发性金融机构、政策性金融机构、国有大型商业银行、股份制商业银行、城商行和农信行等。可以从股份制商业银行、城商行和农信行中选择一些主要服务于中小企业的银行进行改制,使其专注于成为为中小企业打造专属产品、实行较低利率的政策性中小企业银行,改善现有银行借贷市场上对中小企业存在的"所有制歧视"现象,这也是对金融供给侧结构性改革的具体实践形式之一。

"投贷联动"机制是指银行采用成立类似风险投资公司或基金的方式,对创新企业给予资金支持,并在建立严格的风险隔离机制的基础上,以实现银行业资本性资金的早期介入。与此同时,还可通过信贷投放等方式给企业提供另一种资金支持。"投贷联动"为中小科技企业提供了新的融资渠道,可以有效缓解中小企业因"轻资产、高风险"的原因导致的融资难问题。同时,该机制类似于让商业银行成为投资方,这样商业银行会更加行之有效地对资金的用途进行监督,而且全程参与也提高了商业银行的风险忍耐力。目前该机制已在几个大城市展开试点,虽然遇到了不少问题,但在摸爬滚打中也收获了不少有益的经验。因此,下一步要在监管部门指导下稳步推进。

7.2.4 加强虚拟经济体系的法律监管

应针对金融窖藏挤占了实体经济的融资空间这一现状,加强对虚拟经济体系的法律监管。"金融窖藏"规模越来越大,其蕴含的金融风险水平也越来越高。结合当前我国经济社会发展实际以及层出不穷的金融创新,其虽给投资者提供了多元化的投资渠道,但也直接导致实体经济发展资金越来越少。金融发展是为实体经济服务的,金融科技创新应结合实体经济发展需要和人民群众多样化、个性化的需求。如果只是一味地创造出一些概念性的"资本空转"工具,必然给经济社会发展带来危害、给人民群众的财产安全带来威胁,各地不断出现的 P2P"爆雷"事件就是活生生的例子。

中国人民银行党委书记、中国银保监会主席郭树清就曾指出,面对金融科技的持续快速发展,我们将坚持既鼓励创新又守好底线的积极审慎态度。对于那些涉及广大公众利益,具备重要金融基础设施意义的金融科技产品,例如各种小额支付工具及投贷类产品,务必要积极防范和逐步立法,消除这些产品可能带来的系统性风险隐患。

加强虚拟经济体系的法律监管,除了加强对金融领域的监管以外,对虚拟经济体系的其他领域的监管也不能放松,例如对房地产市场的监管。长沙作为湖南省的省会,相比其他同级别的城市,其对房地产市场的调控和监管可谓卓有成效,随着深圳到长沙"取经"之后出台了"深八条",现今的"长沙模式"也成为值得很多城市学习和推广的榜样。

7.2.5 大力推进资本市场供给侧改革

金融窖藏阻碍了货币供给流入中小企业,很大一部分原因是虚拟经济体系中的资金缺少流向中小企业以及其他社会主体的渠道和平台。因此,在现有部分平台的基础上,建立更便利化的适合我国中小企业的融资渠道和平台就显得尤为必要。

经济金融化水平的提高对改善资源配置、提高货币资金使用效率、拓宽经济实体的融资渠道、稳定宏观经济及推动金融全球化具有越来越重要的作用,但如果虚拟经济发展与实体经济发展长期不相协调,就易于滋生系统性金融风险和金融泡沫。金融是国民经济的核心,货币资金是国民经济的血液,金融发展、货币政策调整都要为实体经济服务,金融交易行为本身是零和博弈的叠加。因此,金融发展要急人之所急、想人之所想,牢牢把握金融发展为实体经济服务的宗旨,根据实体经济需求进行针对性的改革和金融创新,即金融供给侧结构性改革。在三农方面,要根据农户需求设计方便、快捷的金融产品,帮助他们解决日常生产生活中的困难,早日脱贫致富;对那些承担了大量农村剩余劳动力转移及安置就业重任的乡镇企业,更要针对性地降低融资成本,帮助他们做大做强;当前我国部分发达地区已迈入后工业化时代,但我们要清醒地认识到我们在高精尖行业及高端制造业上存在的差距,政府和金融机构要通力合作,为那些具有巨大潜力和领先技术的创新型企业扫平融资道路上的障碍。

全力加快金融生态文明建设,要求金融行业要和其他行业紧密联系,未来商业的竞争是服务的竞争,金融业也不例外。金融业要主动"走出去",结合"互联网金融+"和"大数据"平台,了解金融机构的既存客户和潜在客户的日常需求和特殊需求,有效地把金融圈和客户的生活圈联系起来形成一个巨大的金融生态体系,服务好和组织好每一个既存客户和潜在客户,让金融机构的每一个客户都能享受到至尊级待遇。监管机构主要应起到宏观把控和统筹协调作用,力争使每一份金融资源都能达到最优化配置,促进整个社会的金融生态文明建设。

中小企业融资难、融资贵的一个重要原因是过于依赖以银行贷款为主的间接金融。在完善间接融资渠道的基础上,解决中小企业融资问题的根本应放在拓宽中小企业的融资渠道,盘活直接融资路径上。所以在金融供给侧结构性改革的基础上要重点推动资本市场的供给侧改革,完善资本市场准入机制,使中小企业可以更便利地进入到该市场。

参 考 文 献

[1] 白仲林,尹彦辉,缪言.财政政策的收入分配效应:发展不平衡视角[J].经济学动态,2019(2):91-101.

[2] 蔡宁,陈功道.论中小企业的成长性及其衡量[J].社会科学战线,2001(1):15-18.

[3] 蔡宁,阮刚辉.中小企业的核心竞争力及其综合评价体系[J].数量经济技术经济研究,2002(5):61-64.

[4] 蔡晓阳.对我国民间借贷的思考[J].金融教育研究,2012(1):35-39.

[5] 蔡宇.混频数据的计量经济学方法:理论与应用[D].济南:山东大学,2016.

[6] 曹凤岐.建立和健全中小企业信用担保体系[J].金融研究,2001(5):41-48.

[7] 曾建中.货币供给外生抑或内生:基于生态系统的分析视角[C].2008中国可持续发展论坛论文集(1).2008.

[8] 常欣.从金融存量表看中国货币供给与货币创造的新变化[J].学术界,2017(12):40-55.

[9] 常云昆,肖六亿.货币供给冲击、产出与物价:对中国货币政策的实证分析[J].山东社会科学,2004(4):31-35.

[10] 陈德萍,陈永圣.股权集中度、股权制衡度与公司绩效关系研究:2007—2009年中小企业板块的实证检验[J].会计研究,2011(1):40-45.

[11] 陈浩,唐吉平.货币供给性质的重新认识:基于修正的IS-LM模型的理论思考[J].金融研究,2004(3):49-57.

[12] 陈欢,舒元.中国最优货币供给增长率[J].经济学家,1998(3):90-95.

[13] 陈继勇,袁威,肖卫国.流动性、资产价格波动的隐含信息和货币政策选择:基于中国股票市场与房地产市场的实证分析[J].经济研究,2013(11):43-55.

[14] 陈浪南,刘劲松.货币政策冲击对股票市场价格泡沫影响的时变分析[J].统计研究,2018(8):39-47.

[15] 陈强,龚玉婷,袁超文.基于MIDAS模型的中国股市对居民消费的影响效应[J].系统管理学报,2018(6):1028-1035.

[16] 陈清,张海军.极化理论视角下金融发展与经济发展关系研究:"金融窖藏"说法的新回应[J].经济与管理评论,2018(5):114-129.

[17] 陈全功,程蹊.国际收支对货币供给的影响分析[J].金融经济学研究,2004(5):33-38.

[18] 陈守东,易晓溦,刘洋.货币供给、通货膨胀与产出波动的动态效应研究:1992-2013[J].南

方经济,2014(2):24-41.

[19] 陈晓红,刘剑.我国中小企业融资结构与融资方式演进研究[J].中国软科学,2003(12):61-67.

[20] 陈昭.内生货币供给理论述评[J].经济评论,2005(4):68-81.

[21] 崔建军.货币供给的性质:内生抑或外生[J].经济学家,2005(3):113-120.

[22] 杜传文,黄节根.货币政策、融资约束与企业投资[J].财经科学,2018(4):15-28.

[23] 杜恂诚.货币、货币化与萧条时期的货币供给:20世纪30年代中国经济走出困局回顾[J].财经研究,2009(3):46-56.

[24] 杜勇,张欢,陈建英.金融化对实体企业未来主业发展的影响:促进还是抑制[J].中国工业经济,2017(12):115-133.

[25] 杜运周,任兵,陈忠卫,等.先动性、合法化与中小企业成长:一个中介模型及其启示[J].管理世界,2008(12):126-138

[26] 范立夫,周亚,史欣沂.货币增速剪刀差与宏观经济关系的实证研究[J].宏观经济研究,2016(8):20-27,106.

[27] 方春树,聂建平.货币供给与经济增长、物价上涨关系的实证分析[J].金融研究,1994(12):17-22.

[28] 方齐云,余喆杨,潘华玲.我国货币供给的内生性与货币政策中介目标选择[J].华中科技大学学报(社会科学版),2002(5):69-72.

[29] 冯春平.货币供给对产出与价格影响的变动性[J].金融研究,2002(7):18-25.

[30] 冯科.我国货币政策有效性的实证研究[M].北京:中国发展出版社,2010.

[31] 傅勇.从货币"窖藏"到金融"窖藏"[J].现代商业银行,2008(2):12.

[32] 干杏娣,杨阳.美国量化宽松政策对中国资产价格的传导机制分析[J].管理现代化,2019(3):7-10.

[33] 郭明星,刘金全,刘志刚.我国货币供给增长率与国内产出增长率之间的影响关系检验:来自MS-VECM模型的新证据[J].数量经济技术经济研究,2005(5):27-39.

[34] 郭娜.政府?市场?谁更有效:中小企业融资难解决机制有效性研究[J].金融研究,2013(3):194-206.

[35] 郭娜,周扬.房价波动、宏观审慎监管与最优货币政策选择[J].南开经济研究,2019(2):186-206.

[36] 郭晔.测定货币政策有效性的方法探究[J].东北财经大学学报,2006(6):40-44.

[37] 韩东平,张鹏.货币政策、融资约束与投资效率:来自中国民营上市公司的经验证据[J].南开管理评论,2015(4):121-129.

[38] 贺大兴.为什么完全竞争市场最终会导致垄断?[J].金融教育研究,2019(2):42-50.

[39] 何自力,徐学军.一个银企关系共生界面测评模型的构建和分析:来自广东地区的实证[J].南开管理评论,2006(4):64-69.

[40] 胡海鸥,贾德奎.无货币供给量变动的利率调控:我国利率市场化道路的另类选择[J].上

海金融,2003(1):18-20.
[41] 胡海鸥.利率:比货币供给量更适当的货币政策中介目标[J].上海金融,2000(10):17-19.
[42] 胡建渊,陈方正.论我国货币供给的内生性[J].财贸经济,2005(7):39-42.
[43] 胡礼文,谢馨,贺湘.基于融资结构视角的我国民营企业成长性研究[J].金融教育研究,2019(4):20-28.
[44] 胡冉.我国货币供给量变动对房价的动态影响分析[J].统计与决策,2009(23):131-134.
[45] 胡援成,舒长江,张良成.基于资金循环视角的资产价格波动与商业银行脆弱性分析[J].江西社会科学,2016(8):32-38.
[46] 黄达.关于控制货币供给量问题的探讨[J].财贸经济,1985(7):1-8.
[47] 黄晶.货币政策的利率传导机制及其有效性研究[J].云南财经大学学报,2020(8):55-67.
[48] 黄先,邓述慧.货币供给效用与最优货币供应规则[J].管理科学学报,1999(1):16-24.
[49] 江春,向丽锦,肖祖沔.货币政策、收入分配及经济福利:基于DSGE模型的贝叶斯估计[J].财贸经济,2018(3):17-34.
[50] 贾俊雪,秦聪,张静.财政政策、货币政策与资产价格稳定[J].世界经济,2014(12):3-26.
[51] 姜富伟,郭鹏,郭豫媚.美联储货币政策对我国资产价格的影响[J].金融研究,2019(5):37-55.
[52] 金德环,李胜利.我国证券市场价格与货币供给量互动关系的研究[J].财经研究,2004(4):5-15.
[53] 靳超,冷燕华.电子化货币、电子货币与货币供给[J].上海金融,2004(9):13-15.
[54] 靳卫萍.从内生性货币供给的角度看国债[J].当代经济科学,2003(1):39-43.
[55] 孔一超,周丹.融资约束、企业特质波动以及企业绩效的关系研究:基于我国A股制造业上市公司的实证检验[J].金融教育研究,2019(4):29-37.
[56] 来艳峰.货币政策对资产价格影响的时变特征研究[J].金融理论与实践,2018(9):11-16.
[57] 李斌.中国货币政策有效性的实证研究[J].金融研究,2001(7):10-17.
[58] 李芳芳,张定法,郭涵.低利率政策是资产价格泡沫的元凶吗:基于中国股票市场的再检验[J].宏观经济研究,2019(3):27-46.
[59] 李程.利率市场化与货币政策两难困境的化解:基于货币流量分析框架的研究[J].金融经济学研究,2013(5):3-13.
[60] 李春琦,王文龙.货币供给量作为货币政策中介目标适应性研究[J].财经研究,2007(2):47-57.
[61] 李洁.关注货币流通速度的变化:提高货币政策有效性的重要环节[J].中央财经大学学报,2006(9):40-45.
[62] 李金昌,徐蔼婷.中国货币供给与产出关系再检验:基于1952—2004年度数据和区域数据的新发现[J].财贸经济,2007(2):29-36.
[63] 李军.货币供给与通货膨胀长期与短期关系分析[J].数量经济技术经济研究,1997(11):44-49.

[64] 李俊.货币供给、货币流通速度与通货膨胀的关系研究:基于美国、日本、英国与中国的比较[J].南方金融,2011(2):4-8.

[65] 李庆华,郑庶心.房地产调控条件下货币政策的资产价格传导效应:基于35个大中城市的实证分析[J].价格月刊,2020(7):31-42.

[66] 李玉.金融支持新型城镇化建设探析[J].管理观察,2013(35):63-65.

[67] 李志赟.银行结构与中小企业融资[J].经济研究,2002(6):38-45.

[68] 李治国,张晓蓉.转型期货币供给内生决定机制:基于货币当局资产负债表的解析[J].统计研究,2009(6):13-22.

[69] 李治国.流动性过剩:基于货币供给决定机制的解析[J].上海管理科学,2007(2):1-6.

[70] 连军,吴霞,刘星.货币政策、财务冗余与企业R&D投资[J].贵州社会科学,2018(6):52-60.

[71] 梁冰.我国中小企业发展及融资状况调查报告[J].金融研究,2005(5):120-138.

[72] 林毅夫,李永军.中小金融机构发展与中小企业融资[J].经济研究,2001(1):10-18.

[73] 林毅夫,李永军.中小企业融资困难的成因和根本解决思路[J].今日科技,2004(3):27-28.

[74] 林毅夫,孙希芳.信息、非正规金融与中小企业融资[J].经济研究,2005(7):35-44.

[75] 刘斌.货币政策冲击的识别及我国货币政策有效性的实证分析[J].金融研究,2001(7):1-9.

[76] 刘国宏.基于金融生态视角的金融中心形成机制研究[J].开放导报,2011(6):49-52.

[77] 刘金全,张文刚,刘兆波.货币供给增长率与通货膨胀率之间的短期波动影响和长期均衡关系分析[J].中国软科学,2004(7):39-44.

[78] 刘澜飚,马英.股票价格波动对货币供给的作用[J].南开经济研究,2004(2):32-40.

[79] 刘林,朱孟楠.货币供给、广义货币流通速度与物价水平:基于非线性LSTVAR模型对我国数据的实证研究[J].国际金融研究,2013(10):20-32.

[80] 刘鹏.通货膨胀、资产价格波动与货币激活效应[J].财经科学,2014(6):12-21.

[81] 刘晓欣,雷霖.金融杠杆、房地产价格与金融稳定性:基于基于SVAR模型的实证研究[J].经济学家,2017(8):63-72.

[82] 刘喜和,李良健,高明宽.不确定条件下我国货币政策工具规则稳健性比较研究[J].国际金融研究,2014(7):7-17.

[83] 刘义圣,赵东喜.中国利率政策调控机制与经验实证[J].江汉论坛,2014(12):5-11.

[84] 鲁国强,曹龙骐.当前我国货币供给内外生性辨析及政策启示[J].中央财经大学学报,2007(10):32-37.

[85] 卢超,聂丽.货币政策实施对资产价格的影响[J].学术交流,2016(12):140-143.

[86] 罗成,赵淳,杨娇兰.国际货币的政治逻辑:基于美元与人民币的实证分析[J].金融教育研究,2019(1):3-17.

[87] 罗雁.不同资产价格的货币政策对宏观经济影响的实证分析[J].统计与决策,2018(10):157-161.

[88] 麻振康,黄鑫.体现右江流域民族经济发展特点的钱币窖藏[J].区域金融研究,1997(1):38-40.

[89] 马敬桂,李静,樊帆.货币供给冲击对我国食品价格水平的动态影响研究[J].农业技术经济,2011(4):4-12.

[90] 马九杰,郭宇辉,朱勇.县域中小企业贷款违约行为与信用风险实证分析[J].管理世界,2004(5):58-66.

[91] 马龙,刘澜飚.货币供给冲击是影响我国农产品价格上涨的重要原因吗[J].经济学动态,2010(9):15-20.

[92] 马孝先,刘清.货币政策对中国城镇就业的影响分析:基于纵向产业结构视角[J].宏观经济研究,2019(6):164-175.

[93] 马亚明,宋婷婷.货币循环流动与资产价格的波动[J].财经科学,2013(9):1-10.

[94] 马亚明,徐洋.影子银行、货币窖藏与货币政策冲击的宏观经济效应:基于DSGE模型的分析[J].国际金融研究,2017(8):54-64.

[95] 孟晓宏.国际资本流动对我国货币供给过程的影响分析[J].现代经济探讨,2006(12):34-37.

[96] 穆争社.论信贷配给对宏观经济波动的影响[J].金融研究,2005(1):74-81.

[97] 欧阳志刚,史焕平.后金融危机的货币供给过剩及其效应[J].经济研究,2011(7):102-115.

[98] 欧阳志刚,薛龙.货币政策、融资约束与中小企业投资效率[J].证券市场导报,2016(6):11-18.

[99] 彭方平,展凯,李琴.流动性过剩与央行货币政策有效性[J].管理世界,2008(5):30-37.

[100] 彭兴韵.国际收支与货币供给[J].金融研究,1997(3):15-20.

[101] 彭志远.我国国债对货币供给量的影响分析[J].当代财经,2004(4):29-32.

[102] 钱雪松,杜立,马文涛.中国货币政策利率传导有效性研究:中介效应和体制内外差异[J].管理世界,2015(11):11-28.

[103] 裘骏峰.国际储备积累、实物与资产价格通胀及货币政策独立性[J].2015(2):677-702.

[104] 秦海英.内生货币供给对货币政策传导机制的影响及启示[J].南开经济研究,2003(2):42-44.

[105] 全怡,梁上坤,付宇翔.货币政策、融资约束与现金股利[J].金融研究,2016(11):66-82.

[106] 任行伟."金融窖藏"视角下的货币供给与中小企业发展[J].新疆社会科学,2019(2):31-39.

[107] 任永平,梅强.中小企业信用评价指标体系探讨[J].现代经济探讨,2001(4):60-62.

[108] 任兆鑫.金融窖藏与"中国货币之谜"[J].长春金融高等专科学校学报,2012(3):16-20.

[109] 尚杰,李建峰.中小企业融资的国际比较与借鉴[J].国际金融研究,2003(11):44-48.

[110] 邵腾伟,冉光和.财政收支、货币供给与经济增长关系及变化趋势[J].当代财经,2011(2):36-44.

[111] 史可.基于混频数据的我国股市波动性研究[D].南京:南京财经大学,2015.

[112] 舒长江,胡援成.资产价格波动与商业银行脆弱性:理论基础与宏观实践[J].财经理论与实践,2017(1):2-9.

[113] 宋玉颖.我国股票市场与经济增长关系的研究:基于金融窖藏理论的解释[J].大庆社会科学,2009(3):124-127.

[114] 谈毅,陆海天,高大胜.风险投资参与对中小企业板上市公司的影响[J].证券市场导报,2009(5):26-33.

[115] 唐成千,莫旋.中国宏观经济的混频模型分析和短期预测[J].经济问题探索,2016(11):16-24.

[116] 唐冉."金融窖藏假说"与我国股票价格波动关系的实证研究[D].长春:吉林大学,2009.

[117] 万解秋,徐涛.货币供给的内生性与货币政策的效率:兼评我国当前货币政策的有效性[J].经济研究,2001(3):40-45.

[118] 万解秋,徐涛.货币供给扰动与股票市场反应[J].广东社会科学,2005(1):47-53.

[119] 王朝弟.中小企业融资问题与金融支持的几点思考[J].金融研究,2003(1):90-97.

[120] 王楚明.内生货币供给理论的演进与展望[J].上海经济研究,2008(5):3-11.

[121] 王国松.货币供给的制度内生与需求内生实证研究[J].财经研究,2008,34(6):51-61.

[122] 王劲松,韩克勇,王建明.开放经济条件下我国货币政策有效性研究[J].经济问题,2006(7):53-56.

[123] 王兰芳.内生货币供给理论分析与实证检验[J].南开经济研究,2001(3):63-67.

[124] 王涛.我国产出、货币供给与价格关系实证分析[J].财经理论与实践,2003(3):69-72.

[125] 王维安,杨靖.资本市场对我国货币供给影响的实证分析:1999—2002[J].上海金融,2003(12):18-20.

[126] 王晓芳,毛彦军.预期到的与未预期到的货币供给冲击及其宏观影响[J].经济科学,2012(2):34-47.

[127] 王欣.我国货币政策有效性的实证分析[J].财经科学,2003(6):6-9.

[128] 王秀燕.中国货币政策有效性的实证研究[D].长春:吉林大学,2011.

[129] 王振山,王志强.我国货币政策传导途径的实证研究[J].财经问题研究,2000(12):60-63.

[130] 魏守华,刘光海,邵东涛.产业集群内中小企业间接融资特点及策略研究[J].财经研究,2002(9):53-60.

[131] 魏巍贤.中国货币供给的超外生性检验[J].系统工程理论与实践,2000(10):41-45.

[132] 魏巍贤.中国货币供给的外生性研究[J].数量经济技术经济研究,2000(11):52-54.

[133] 吴敬琏.发展中小企业是中国的大战略[J].改革,1999(2):3-7.

[134] 吴成颂,王琪.利率市场化、资产价格波动与银行业系统性风险[J].投资研究,2019(3):4-17.

[135] 伍志文,张琦.金融发展和经济增长背离:理论观点述评[J].上海经济研究,2004(11):

23-32.

[136] 谢多.管理浮动汇率制下的货币供给和货币政策工具协调[J].金融研究,1996(8):14-17.

[137] 谢罗奇,胡昆.我国货币供给的内生性分析[J].求索,2005(1):26-28.

[138] 谢平,廖强.当代西方货币政策有效性理论述评[J].金融研究,1998(4):7-12.

[139] 邢天才,田蕊.开放经济条件下我国资产价格与货币政策目标关系的实证分析[J].国际金融研究,2010(12):4-12.

[140] 熊鹏,方先明.资本流动、货币供给与价格总水平:一个理论分析框架[J].山西财经大学学报,2005(6):39-42.

[141] 徐彬.我国货币政策传导机制与货币政策有效性的研究[D].苏州:苏州大学,2005.

[142] 徐洪水.金融缺口和交易成本最小化:中小企业融资难题的成因研究与政策路径:理论分析与宁波个案实证研究[J].金融研究,2001(11):47-53.

[143] 徐龙炳,符戈.货币供给与GDP关系实证分析[J].预测,2001(2):12-16.

[144] 徐妍,韩雍."新常态"下房地产资产定价效率对我国货币政策的影响:基于多部门NK-DSGE模型的研究[J].投资研究,2019(1):119-135.

[145] 徐妍,郑冠群,沈悦.房地产价格与我国货币政策规则:基于多部门NK-DSGE模型的研究[J].南开经济研究,2015(4):136-153.

[146] 许云霄,秦海英.内生货币供给理论视野中的货币政策传导机制[J].经济科学,2003(2):40-49.

[147] 闫俊宏,许祥秦.基于供应链金融的中小企业融资模式分析[J].上海金融,2007(2):14-16.

[148] 闫素仙.中央银行独立性与货币政策有效性[J].当代经济研究,2005(7):65-69.

[149] 燕红忠.货币供给量、货币结构与中国经济趋势:1650~1936[J].金融研究,2011(7):57-69.

[150] 杨继生,冯焱.货币供给与PPI的动态响应机制和结构性差异[J].统计研究,2013(8):45-54.

[151] 杨胜刚,刘宗华.国际资本流动对中国货币供给的影响及政策分析[J].世界经济,2001(6):61-66.

[152] 杨文进.略论货币供给与价格水平和汇率的关系[J].福建论坛(人文社会科学版),2010(5):24-30.

[153] 杨弋帆.电子货币对货币供给及货币乘数的影响机制研究:包含第三方支付机构的三级创造体系[J].上海金融,2014(3):47-54.

[154] 杨源源,于津平,高洁超.零利率下限约束、宏观经济波动与混合型货币政策框架[J].财贸经济,2020(1):21-35.

[155] 姚耀军,董钢锋.中小企业融资约束缓解:金融发展水平重要抑或金融结构重要?来自中小企业板上市公司的经验证据[J].金融研究,2015(4):148-161.

[156] 叶翔,梁珊珊.银行同业业务发展及其对货币供给的影响[J].海南金融,2013(1):53-58.
[157] 尹龙.货币性质的再认识与货币供给理论的发展[J].金融研究,2002(1):55-62.
[158] 尹双明,张杰平.DSGE模型、货币政策规则与汇率波动分析[J].浙江社会科学,2012(11):4-12,155.
[159] 于博.货币政策跨期配置与房地产行业投资效率[J].财经问题研究,2014(5):97-103.
[160] 于化龙,王培瑛.内生货币供给理论的回顾与展望[J].南开经济研究,2003(5):28-30.
[161] 袁仕陈,范明.近年来中国国内货币供给源于国际资本流动吗?[J].世界经济研究,2012(3):28-33.
[162] 张超,刘星,田梦可.货币政策传导渠道、宏观经济增长与企业投资效率[J].当代财经,2015(8):108-119.
[163] 张成虎,李育林.我国货币供给与股票价格的关联性[J].西安交通大学学报(社会科学版),2010(1):10-18.
[164] 张桂文,余凌曲.提升金融中心的产业服务功能[J].开放导报,2017(3):106-108.
[165] 张红伟,冉芳.货币供给、资产价格波动与实体经济增长:基于2001—2015年月度数据的实证分析[J].经济问题探索,2016(3):17-23.
[166] 张建斌,刘清华.中国货币政策有效性分析[J].财经理论研究,2006(6):83-88.
[167] 张捷,王霄.中小企业金融成长周期与融资结构变化[J].世界经济,2002(9):63-70.
[168] 张延群.中国货币供给分析及货币政策评价:1986—2007年[J].数量经济技术经济研究,2010(6):47-56.
[169] 张平.货币供给机制变化与经济稳定化政策的选择[J].经济学动态,2017(7):26-34.
[170] 张永升,杨伟坤,桑毅博.改革开放二十年我国货币供给与经济增长之间关系研究[J].财政研究,2012(2):50-53.
[171] 赵楠,李江华.当前中国资金循环不畅的成因、表现和对策分析[J].经济研究导刊,2015(7):76-79.
[172] 赵星,崔百胜.中国货币政策对美国的溢出效应研究:基于两国开放经济DSGE模型的分析[J].中国管理科学,2020,28(7):77-88.
[173] 赵岳,谭之博.电子商务、银行信贷与中小企业融资:一个基于信息经济学的理论模型[J].经济研究,2012(7):99-112
[174] 郑风田,唐忠.我国中小企业簇群成长的三维度原则分析[J].中国工业经济,2002(11):63-69.
[175] 郑先炳.货币供给超前增长规律探索[J].经济研究,1986(2):62-65.
[176] 钟凯,程小可,张伟华.货币政策、信息透明度与企业信贷期限结构[J].财贸经济,2016(3):60-77.
[177] 钟凯,程小可,张伟华.货币政策适度水平与企业"短贷长投"之谜[J].管理世界,2016(3):87-98.
[178] 周诚君.货币供给的内生性与货币政策研究:马克思货币理论的分析与启示[J].当代经

济研究,2001(4):62-66.

[179] 周诚君.中国货币供给的内生性与货币政策分析[J].南京大学学报(哲学·人文科学·社会科学),2002(1):72-82.

[180] 周光友,张炳达.电子货币的替代效应与交易性货币供给:基于中国数据的实证分析[J].当代财经,2009(3):50-54.

[181] 周好文,李辉.中小企业的关系型融资:实证研究及理论释义[J].南开管理评论,2005(1):96-101.

[182] 周梅,刘传哲.信用类债券的政府信用及违约承担机制研究[J].经济问题,2013(12):56-59.

[183] 周孟亮,王凯丽.基于我国区域金融差异的货币供给调控[J].上海金融,2005(12):31-33.

[184] 周铁军,刘传哲.中国国际收支与货币供给关联性的实证分析:1996~2007[J].国际金融研究,2009(3):82-87.

[185] 周晓明,朱光健.资本流动对我国货币供给的影响与对策[J].国际金融研究,2002(9):66-71.

[186] 朱萃,杜朝运,曾凡.我国金融窖藏的规模测算与治理对策[J].南方金融,2016(11):11-15.

[187] 朱萃,杜朝运.我国发展循环金融问题研究[J].福建金融,2017(12):8-12.

[188] 庄子罐,崔小勇,赵晓军.不确定性、宏观经济波动与中国货币政策规则选择:基于贝叶斯DSGE模型的数量分析[J].管理世界,2016(11):20-31.

[189] 左昊华,何小锋.中国金融市场吸收通胀压力能力的实证研究[J].上海金融,2009(10):59-63.

[190] AIRAUDO M, CARDANI R, LANSING K J. Monetary policy and asset prices with belief-driven fluctuations[J]. Journal of Economic Dynamics & Control, 2013, 37(8): 1453-1478.

[191] AIZENMAN J, LEE J. Financial versus monetary mercantilism: Long-run view of the large international reserves hoarding[J]. World Economy, 2008, 31(5):593-611.

[192] ANDRESEN T. A critique of a post Keynesian model of hoarding, and an alternative model[J]. Journal of Economic Behavior & Organization, 2006, 60(2):230-251.

[193] BERROSPIDE J M. Bank liquidity hoarding and the financial crisis: An empirical evaluation[J]. Ssrn Electronic Journal, 2013, 3:147-152.

[194] BERNANKE B S, BLINDER A S. Credit, money, and aggregate demand[J]. American Economic Review, 1988, 78(2):435-439.

[195] BERNANKE B S, GERTLER M. Inside the black box: The credit channel of monetary policy transmission [J]. Journal of Economic Perspectives, 1995, 9(4):27-48.

[196] BINSWANGER M. The finance process on a macroeconomic level from a flow per-

spective: A new interpretation of hoarding [J]. International Review of Financial Analysis, 1997, 6(2):107-131.

[197] FRIEDMAN M. Money and the stock market [J]. Journal of Political Economy, 1988, 96(2):221-245.

[198] HAYWOOD C F. Hoarding, velocity, and financial intermediaries[J]. Southern Economic Journal, 1959, 26(1):33-43.

[199] JOSÉ L. Introduction to dynamic macroeconomic general equilibrium models[J]. Vernon Press Titles in Economics, 2014.

[200] KANG S, HWANG I, SONG S. Cash hoarding: Vice or virtue[J]. Journal of International Financial Markets Institutions & Money, 2017, 53:94-116.

[201] KEYNES J M. The general theory of employment, interest and money[J]. Limnology & Oceanography, 1936, 12(1-2):28-36.

[202] LEMMON M, ROBERTS M R. The response of corporate financing and investment to changes in the supply of credit[J]. Journal of Financial and Quantitative Analysis, 2010, 45(3):555-587.

[203] LU W, HUANG J, MUSSHOFF O. Climate threshold, financial hoarding and economic growth[J]. Applied Economics, 2015, 47(42):4535-4548.

[204] NEGRO M D, OTROK C. 99 Luftballons: Monetary policy and the house price boom across U.S. states[J]. Journal of Monetary Economics, 2007, 54(7):1962-1985.

[205] OLER D, PICCONI M. Implications of cash-hoarding for shareholders[J]. Advances in Financial Economics, 2006, 13:35-52.

[206] PHILIPP E. Wickens, michael: Macroeconomic theory. A dynamic general equilibrium approach (second edition)[J]. Journal of Economics, 2013, 108(1):107-109.

[207] REVIEW B R G. Purchasing power and trade depression: A critique of under-consumption theories by E. F. M. Durbin[J]. Journal of the Royal Statistical Society, 1934, 97(1):175-177.

[208] REZA M M, JILING C. Monetary policy and financial economic growth[J]. The Journal of Economic Asymmetries, 2020, 5(22):1-11.

[209] RIGOBON R, SACK B P. The impact of monetary policy on asset prices[J]. NBER Working Papers, 2002, 51(8):1553-1575.

[210] WICKENS M. Macroeconomic theory: A dynamic general equilibrium approach[M]. New Jersey, America:Princeton University Press, 2008.

[211] ZULQUAR N, BANDI K. Uncertainty and effectiveness of monetary policy: A Bayesian Markov switching-VAR analysis[J]. Journal of Central Banking Theory and Practice, 2020, 9(s1):237-265.